1分鐘終結慣性拖延，短時間完全專注

掌控專注力，人生不再拖拖拉拉

短時間「完全專注」新修版

佐佐木正悟——著
鄭舜瓏——譯

短時間で
「完全集中」
するメソッド

前言

你是否有過這樣的經驗，遇到麻煩的事情，就忍不住把它「往後延」？

✓半途而廢的英文學習。
✓回覆客訴信件。
✓回信給上司。
✓做資料建檔之類的電腦作業。
✓好久沒做的大掃除。
✓背誦演講的文稿。
✓念到一半的大部頭的書……

要把這些事情一口氣做完只有一個方法。

那就是，「忘記時間般地埋首其中」。

不過，相信大家都知道，沒那麼簡單辦到對吧？

比如說，以電腦作業來說好了。

好、要開始了！

太安靜了反而讓人沉不住氣耶……

先聽個音樂振奮一下心情好了……

檢查一下郵件好了……

啊！有一封重要的信還沒回覆……

對了，我怎麼沒有先準備一杯咖啡……

昨天職棒比賽的結果是怎麼樣啊……
呃、有給業務部回信了嗎？
好想喝杯咖啡喔
要不要先看一下社群網站的訊息

昨天棒球比賽的結果如何……

哇、快看 Yahoo! 新聞的這則報導……

啊啊！時間都這麼晚了……

來喝一罐提神飲料跟它拚了……

總算開始了

像這樣，不能集中注意力通常都不是別人造成，而是**「自己內心的聲音」**導致**注意力不集中**。

沒錯，其實大家都非常想集中注意力，而且想得不得了。

首先，一定要先斷除這樣的習慣。

為此，大家必先認識到一個事實，「人這種生物天生就很難專注」。因為，**大**

家都搞錯了。

- 專注力不夠，所以做不到。
- 意志薄弱，所以做不到。
- 提不起勁，所以做不到。
- 容易精神渙散，所以做不到。

大多數的人都會這麼想。

但我們的「大腦」總是在注意周遭的狀況。

哪裡發出聲音就往哪邊看。一聽到動靜，就想確認狀況。

換言之，人的思考很難保持在一定的狀態，總是經常在變動。

結果就如前面介紹的，**花了很多時間做了一堆有的沒有的事，卻沒有任何成果**。

●應該要用功學習的時候，卻開始打掃家裡。
●應該打掃的時候，卻忍不住拿起書來看。
●本來在網路上查資料，回過神來卻發現自己在看動畫。

大家有沒有過類似的經驗呢？
沒錯！這個「我要來做些什麼」的心情，總在一瞬間就背叛了你。
除此之外，還有一個想法也很有問題，
「未來『專注』的自己，會幫我把事情完成」。
的確，當我們被截止期限逼入絕境時，有時會狗急跳牆，以不可思議的效率做完事情。
但這樣的能力一定要靠自己，才能控制得了。如果你有辦法掌控這個能力，人生就會產生很大的改變。

本書是根據心理學與腦科學研究，加上以自身作為實驗的結果，介紹給讀者「控制專注力的方法」。

首先在第零章，我會破除大家的一些偏見。

我會認為多數人誤解了「專注力」的概念，是因為我曾做過的一項心理實驗。

在二十多歲的尾聲到三十出頭這段時間，我去美國留學，專攻實驗心理學。

那時，我做過一項實驗，把被實驗者關在一間完全無聲、無光線的黑房（black room），然後請他們徹底思考自己喜歡做的事。

結果發現，任何人，**只要他有意願，都可以在短短一分鐘內，就進入極端專注的狀態**。

沒有一位被實驗者認為，因為房間完全沒有聲音、太暗，所以「無法專注思考事情」。

要打斷這個實驗反倒還更困難。

因此，從第一章開始，雖然我教大家的不是使用黑房這麼大費周章的方法，但會介紹一個簡單的方法，讓大家在「短短一分鐘」內，改變自己的專注力。

不過，老是「埋頭苦幹」，時間久了，也會產生很多問題。

這個時候，你可以嘗試我在第二章之後介紹的，「書寫」、「消除」、「休息」等方法。

讀完本書後，就會宛如脫胎換骨，從此擺脫「慣性拖延」、「拖拖拉拉」的人生了！

佐佐木正悟

短時間「完全專注」

前言

003

第 0 章

改變自己的心智設定

第 1 章

「一分鐘」立即行動的方法

第2章

整理頭腦的「記錄法」

第3章

整理環境的「消除法」

第4章

整理內心的「休息法」

第0章

改變自己的心智設定

心智

01

發揮專注力應該是一件「很困難的事」吧……

簡單思考

CHECK

□ 消除兩個偏見。

□ 對於預定要做的事情「下定決心」。

我們腦中常會有許多偏見，當專注力發揮不出來的時候，大抵是被以下這兩個偏見給困住了。

- **發揮專注力很困難。**
- **注意力會散亂，是因為有很多複雜的因素干擾。**

比如說，瀏覽網路很容易讓我們分神，養成假裝工作的壞習慣。但有些人卻無法正視這個事實，寧願讓自己相信專注做事是很困難的。

注意力會變得散亂，不是因為自己就是因為別人妨礙到你，讓你不能專注。**如果是自己妨礙自己不能專注，那就表示你根本不想專注。**

至於別人妨礙你專注，單純就是打斷你的工作而已。這個問題雖然有點麻煩，但不複雜。只不過是剛好有人打擾到你，妨礙你專注而已。簡單地掌控問題的來源之後，就不會再衍生出其他問題。

專注力無法發揮，其實是很單純的問題。既沒有複雜的背景，也沒有難以理解的結構。所以，要解決這個問題，可以透過一個簡單到令人意外的小方法來嘗試。

仔細感受「一分鐘的長度」

我們看到一些成績優秀的學生或工作速度很快的商務人士，似乎都能很快解決注意力不集中的問題。

如果在嘈雜的地方，他們可能會戴上耳塞，或是停下手邊的事情，閉上眼睛深呼吸，然後再回到工作或書本上等等。

相反地，會煩惱專注力不夠的人，不知道為什麼，總是容易想太多。

「戴耳塞會不會讓旁邊的人感到不快……」、「閉上眼睛，別人會怎麼看我……」等等，放任這些議論在內心展開。

詳細的方法我會在下一章教各位，首先請大家試著深呼吸一分鐘。

你應該會發現，**雖然只有一分鐘，但「只」做深呼吸時，你會發現，沒想到時間還過得真慢**。

不要覺得「有時間做這種事，不如趕快開始工作比較好吧？」，這也只會花你一分鐘而已。

要是不小心點開網路或社群媒體，別說一分鐘，你可能「一瞬間」就失去十五分鐘以上的時間。

持續一分鐘不斷地深呼吸，讓自己放鬆，**然後「下定決定」，告訴自己，接下來除了什麼事以外，其他事情一概不做！**

要「下定決心」，接下來我一定要專注在應該做的事情上。

如果沒有經過這個儀式，老是覺得提不起勁，然後自我放棄地打開電腦逛了一圈後，才開始做正事，那你就很容易陷入「回過神來已經失去十五分鐘」的模式。

透過深呼吸來專注這個方法或許太簡單了，簡單到讓人不懂得珍惜。

但分心也一樣簡單。專注和分心都絕對不是什麼困難的事。

心智

02

從以前就這樣，無論做什麼事都很容易厭倦，無法持之以恆……

斷除所有偏見

CHECK

- □相信自己「擁有」專注力。
- □累積小小的成就感。

大家不只對專注有偏見，這個世界有很多人甘願受到奇怪的想法束縛，或是對於某些奇怪想法特別根深蒂固。

比如說，我的工作就很常遇到「對於習慣」抱持一廂情願想法的人。

這些人甚至會說「我天生就是三分鐘熱度的人」，或是「我做事情很容易厭倦，無法持之以恆」。

假如他「天生就是無法持之以恆」，那麼他應該做什麼事情都做不好。**其實他內心深處並不真的這麼想，只不過是表面上的「偏見」太過強烈而已**。

有些人則是深信「只要持續二十一天做某件事情，就會變成習慣，但我就是持續不了二十一天」。

首先，「持續二十一天做某件事情，就會變成習慣」這個說法並非事實。其次，「我就是持續不了二十一天」這也只是單純的偏見而已。

他們從來沒有對別人做過調查，也不曾記錄自己的行為。

這全部**都只是「偏見」而已**。

其他像是「我沒辦法做好時間管理」也是常聽到的偏見。「認為自己無法做好時間管理」的人，理由大抵都是「我沒辦法做好時間管理，因為我覺得我做不到」之類。

有這種主張的人絕對不是頭腦不好的人，也不是不科學的人，只是有根深蒂固的「偏見」罷了。

這樣的態度一旦用在「專注力」或「意志力」，他們的「偏見」就更嚴重了。我們很常聽到別人在自我介紹時說，「我的專注力不夠……」或「我的意志力很薄弱」等。這不代表他們真的拿自己與某個人比較，或是接受過心理實驗後所做出的結論，大部分的人的想法是：「總之，我就是這麼覺得。」

為什麼「想出五個答案的人」比「想出八個答案的人」更有自信？

由於希望大家可以扔掉這樣的偏見，下面我要介紹一個心理實驗。

實驗者找來五個人，要求他們：「等一下請想出五個你認為可以發揮專注力的方法，把它寫下來。」實際上，被實驗者每個人真的都寫出五個左右的方法。

接著，另外找五個人，要求他們：「等一下請想出十二個你認為可以發揮專注力的方法，然後把它們寫下來」。這組人雖然沒有人有辦法在時間內想出十二個方法，但仍想辦法寫出八到十個方法。

你們覺得前面那組的「想出五個方法的五個人」，以及後面那組的「想出八到十個方法的五個人」，哪一組的人覺得「自己擁有專注力」？結果是，想出較少答案的前組人馬。

換句話說，這個實驗的意義就是，「當自己沒有想出被要求的答案數目，就會覺得自己沒有專注力」。

當人被要求在短時間內想出很多答案，本來就很難達到這樣的要求，但**人的大腦一旦沒有滿足成功的條件，就容易變得沒自信**。

相對地，若只要求五個，不難做到，所以會不自覺認為：「說不定我這個人的專注力還變強的。」

但要求到十二個，根本做不到，才容易覺得：「或許我這個人本來專注力就不夠。」

也就是說，一個人有沒有專注力這件事，很容易受到自己的偏見影響。因此，我建議，趕緊捨棄那些無聊的偏見是上策。

心智

03

總以為「晚上的自己」或「明天的自己」會想辦法把事情做好……

不要去期待未來的自己

CHECK

□不用懷疑，明天的自己一定會和今天的自己一樣。

□所以，要下定決心「現在就去做」。

社會心理學指出，當我們看到別人的行為，會容易認為那是根據那個人的意志所做，但自己做出同樣的行為時，則會覺得自己是在不得已的狀況下所為。

比如說，去逛超市時，看到籃子裡放入很多啤酒。若看到的是別人的籃子，我們容易想說「這個人還真愛喝酒」，但若是自己的籃子，則會想說「沒辦法嘛，今天有家庭聚會啊」。

換言之，看到別人的行為，我們很難去同理別人背後的苦衷，**總認為那是對方根據自由意志而做出的行動**。

題外話，托爾斯泰（Tolstoy）曾說過，越接近權力巔峰，失去的自由越多。因為托爾斯泰擁有特別的想像力，所以瞭解這個道理。但一般來說，我們的想法剛好相反。

先別去管擁有權力者或別人會怎想，我希望大家先注意的是，我們的內心也同樣會產生這種心理現象。

我們總以為「未來的自己」會更專注、更發憤圖強地把事情完成

我們看未來的自己時，就好像在看別人一樣。換言之，我們會認為未來的那個傢伙「是自由的」。

比如說，早上起床的時候，即使我們知道自己「沒有時間了！」，卻仍認為「傍晚的自己是自由的，所以會好好地工作，到了下班的時候應該就可以把事情做完了！」

也就是說，**一提到未來的自己，我們就看不到其環境脈絡。**

相對地，現在的自己則一直都是被環境脈絡五花大綁。我們被許多截止期限壓得喘不過氣來、沒有時間做自己想做的事、家人老是對我們嘮嘮叨叨、肩膀又痠痛等等。

然後，我們會告訴自己：「因為某件事，所以我無法專注，這也是無可奈何。」

但一旦當我們把眼光放在未來的自己，這些背景卻統統都看不見了。

頂多只能聯想到傍晚外頭夕陽餘暉的景色，然後認為自己一定可以專注、發憤圖強地把工作完成。

事實上，我們在任何時候，幾乎都是狀況的奴隸，想要從環境脈絡中獨立出來，成為真正自由自在的自己，幾乎是幻想。若你繼續用這樣的態度面對事情，將會半永久性的一事無成。

因此，大家一定要牢記，**「事情沒有萬無一失的」**。我們總是會遇到各種狀況，不是身體哪裡不舒服，不然就是時間不夠用，永遠都是東缺一塊、西缺一角，就像現在的你一樣。

現在的你若無法專注到某一個程度，未來的你也辦不到。所以，請先把「我現在沒辦法專注，等到某某時候就可以……」這樣的想法拋棄再說吧！

心智

04

為什麼我總是沒辦法好好專注……

被「自己的聲音」擾亂

CHECK

□決定截止期限。

□相信自己「這次做得到，明天也做得到」。

鴉雀——無聲oooooo
要不要先看一下社群網站的訊息
好想喝杯咖啡喔
呃、有給業務部回信了嗎？
昨天職棒比賽的結果是怎麼樣啊……
吵死了！

絕大部分「無法專注」的情況，都不是別人造成，而是自己擾亂自己。

想像有一位學生正要打算開始用功讀書。

明明只要立刻翻開書本就好，但卻一下子想要去買杯咖啡，一下子檢查 LINE 有沒有新訊息。應該說，大部分的人好像都會這樣。

讓自己精神無法集中的源頭，其實就來自於這些內心不斷湧現的「聲音」。

這些聲音就是：「我馬上會做，不過在這之前……。」

不管是工作或讀書，甚至只是聽別人說話，我們自己都很容易被這樣的「聲音」打擾，使得精神無法集中。

頭好癢、脖子好痠、好想睡、口好渴……擾亂自己的這些「聲音」可說是永無止境。我們心裡不停浮現這些聲音，好像我們本質上就很討厭專注。

當然，就像在嘈雜的咖啡店內無法專心工作一樣，有時候是「別人的聲音」來擾亂我們。但如果能夠完全屏除「自己的聲音」的擾亂，我們一定可以比現在的自己更容易專注，不是嗎？

其實每個人都不想專注

假如擾亂專注力的來源是「別人的聲音」或「噪音」等物理性的環境問題，可以使用降噪耳機或是耳塞等，處理的方法反而簡單得多。或者，盡最大力量找到一個安靜的咖啡店等，直接改變硬體環境即可。

但我們都知道，改善這些外在的狀況，並不是讓我們獲得專注的決定性解答。

真正到了一個安靜的地方工作時，有些人反而會說「太安靜反而靜不下心來」。所以說，真正擾亂我們專注力的，是自己「內在的聲音」。

這件事用不著我來提醒，自遠古以來就有許多的人不斷強調。雖說坐禪、冥想這些方法帶有些許宗教性的意味，但作為一個「不被自己的聲音擾亂，成功專注」的技巧，從古至今就不斷有人嘗試並推薦這些方法。

然而，雖然有這些技巧，我們卻很難在需要的時候派上用場。不知是這些專注的技巧很難應用在現實生活上，或是嘗試這些方法的人並不多，大多數的人還是喜歡把工作放下，去瀏覽網站、點開社群軟體、玩個小遊戲等，盡可能不讓自己專注。

好像大家非常不想專注一樣。

但事實卻是矛盾的，因為大家都很想專注，否則就不會拿起這本書來看。

請務必認真思考，你妨礙自己專注的原因是什麼？

如果中途打斷你工作的是上司或顧客，或是噪音等「外在因素」，那沒話說。但若連待在完全沒有這些要素的「理想環境」之中，也無法專注，就要好好想想問題到底出在哪裡。

只要知道答案，其實無法專注的問題可就已經解決掉一大半了。

心智

05

該怎麼做才能不被自己擾亂……

消除「心中的聲音」

CHECK

- □意識到自己心中的聲音。
- □不要在內心否定自己。

如果不受自己擾亂，專注就會變得很簡單。**反過來說，很難專注，就是因為自己擾亂自己的狀況過於頻繁**。

那該怎麼做才能不被自己擾亂呢？

關於這一點，喬・卡巴金（Jon Kabat-Zinn）博士曾做過研究，他對於「冥想」這個流傳久遠的方法加以研究，並透過心理學研究揭開它的神祕面紗。喬・卡巴金博士的研究與臨床實驗的量非常龐大，被翻成日語的著作也不少，所以或許有些人已經聽過「正念冥想法」這個名詞。

但是，這個喬・卡巴金博士的方法論，光是聽它的名稱很難讓人感受到它的好處。實際上，就連接受他心理諮商的人，在最初的一兩次治療，都會忍不住覺得：「做這些事情到底有什麼意義？」

然而，只要接受喬・卡巴金博士的冥想法訓練超過數個月，幾乎無一例外每個人都會發現「原本因為難受的病狀所造成的壓力，得到顯著的舒緩」。

順著本書的脈絡，我們可以發現一個重要的訊息。喬・卡巴金博士說，**我們人經常「在心中聽到各種話語」**。這些話語之中，有否定的話語，也有其他的話語，無論如何，它們似乎都是自然而然浮現的。

最常被介紹用來做為例子的，就是有些人容易在心中不斷反覆地對自己說出負面而且粗暴的言語，像是「你傢伙能成什麼事」。

不過，當我們聽到內心「你這傢伙能成什麼事」這樣的聲音，可能有兩種感受，一個是「真的感覺被人罵」，另一個是「好像被人罵」。

阻止讓另一個自己「口出惡言」

當然，即使不是真的被人罵，而是「好像被人罵」，也會在心裡累積一定的壓力。但不管是「真的被罵」或「好像被罵」，毫無疑問地，它確實是「從自己心中所產生的話」，也就是說「別人絕對聽不到這些聲音」，既然如此，那我們一定可以制止這個聲音出現。

再者，**既然「它確實是從自己心中發出的話語」，那我們更可以主動駕馭它**，辨別它是自我批判的聲音，或是和自己無關的聲音。只要有意願，我們一定可以阻止這樣的聲音出現。

據說容易自我批判的人，或多或少會覺得對自己惡言相向，可以感受到快感。

在心中對自己大喊「你這傢伙能成什麼事」，到底有什麼快樂可言？恐怕除了當事者以外，其他人怎麼想也想不通吧。是被有同樣傾向的父母養育長大的關係嗎？還是本身有被虐傾向，又或只是單純的習慣等等。可以作為說明的理由有很多，但真正的原因大概無人知曉。

不過，有一件事是確定的，那就是**這種毛病會妨礙我們專注**。至少，它對專注一點幫助也沒有。

因此，阻止這個聲音出現吧！我們可以阻止這個聲音出現。阻止它，但也不必刻意發出正向言語。

只要養成習慣，心中一旦出現負面言語就立刻消除它即可。只要放棄這樣的「聲音」即可。漸漸地，你的專注力就會確實增長。

心智

06

控制專注力

好不容易專注起來，卻無法持久……

CHECK

- □減少忍耐的「意志力」。
- □把力量用在專注力上。

忍受不合理的工作
忍耐尖峰時刻的通勤
忍耐不吃餅乾
不了，我現在在減肥……
今天已經沒辦法再專注了。

接下來，希望各位讀者記住的是「**專注力可以控制**」。

就像大部分人知道的，專注力一般來說很難長時間持續。

很多家長會感嘆：「我們家的小孩專注力不夠……」但我想，即使是大人也沒辦法五、六個小時長時間地專注吧。

那麼，實際上一個人的專注力可以持續多久呢？

我在考大學時，也就是大概二十年前的時候，有人跟我說：「人的專注力頂多持續九十分鐘。」

不過，這種世間的說法不太可靠。

因為，專注在什麼事情上？誰在專注？怎麼測量專注度？只要條件稍微改變，「持續時間」就會立刻變動。

但在此，我只希望大家可以記得一件事就好，那就是，「專注力是一種可以控制的能力」。

根據佛羅里達州立大學的社會心理學家羅伊・鮑邁斯特（Roy Baumeister）指

出，專注力不但可以控制，而且**必須控制，它才會有所作用**。

他做了許多這個方面的實驗，其中一個實驗就發現「若要被實驗者強忍著不能吃好吃的餅乾，其集中力持續的時間就會縮短」。

換句話說，**專注力與忍耐不吃餅乾、忍耐壓力、忍耐尖峰時刻通勤，在根源上兩者是來自相同的力量**。

所以，為了忍耐不吃餅乾，必須耗費「意志力」，導致「專注力」難以持續。

「不要」做無謂的忍耐

反過來思考，就像我們人可以有意識地使用「精神力」來忍耐痛苦的通勤，忍耐不吃餅乾，我們也可以在某種程度上有意識地使用「專注力」。

也就是說，只要你想控制，就可以辦得到。

本書也是建議為了要「發揮良好的專注力」，必須先做好環境整備，不要把精神浪費在忍耐不吃餅乾、忍耐寒冷、忍耐噪音等「會妨礙專注力發揮的地方」。我會這麼建議，就是根據羅伊・鮑邁斯特的實驗結果所推論出來的見解。

當然，雖說專注力可以控制，但不代表可以永遠持續下去。別說永遠，可能連九十分鐘都很困難。

即使如此，**認為專注力可以控制的人，還是比認為不能控制的人更能長時間維持專注力，這一點是確定的**。所以瞭解專注力可以控制這件事非常重要。這它和排除會妨礙專注力發揮的環境一樣重要。

心智

07

具體上要怎麼做才能控制專注力……

限制專注力的「使用途徑」

CHECK

□直視「心理上的抗拒」。
□從抗拒性最強的事情「開始做」。

我們再稍微深入探討「專注力可以控制」這件事。

假設，某個公司職員必須立刻回覆客戶傳來的類似客訴郵件。他想要回信，就必須坐在自己的位置上，但他完全沒有這個心情。

為什麼？因為這類的客訴信件如果沒有處理好，打了一封誠意不足的謝罪信件，反而容易激怒對方，這下子就真的要來處理客訴了。**光是想到這些後果他就不禁緊張起來**。而為了舒緩這樣的緊張，所以他決定休息片刻，走去休息室倒杯咖啡。

結果，在休息室遇到聊得來的同事，開始說起這件事：「我有一封很像在客訴的信件必須回覆，這真的很麻煩……。」同事點點頭：「喔，我瞭解……」結果兩個人越聊越起勁，回過神來已經過了十五分鐘了。

問題來了，**回一封信件，再怎麼慎重，十五分鐘也應該夠了**。但是，按照這個人的作法，別說一行字，他連主旨都還沒輸入。

想要專注工作，似乎說得比做得容易，原因就是我們四周充滿了「妨礙因素」。

這名公司職員為什麼連寫一封信這麼少的工作量，都無法專注呢？因為，他沒有在一開始的時候，**「下定決心要專注」**。

去除「心理上抗拒」的方法

其實，我們在很大的程度上可以自由自在地控制專注力。但想要達到這樣的境界，必須先要有想控制的意願才行。以前面回信的例子來說，如果沒有事前下定決心「要專心處理回信」，一不小心就會走去休息室喝咖啡。大抵來說，當我們精神好的時候，就會想要專注在某些事物上。**所以，問題反而不是無法專注，而是太容易專注了**。

前述提到的處理客訴信件的例子也是一樣。那位公司職員無法專注在工作上，是因為心理上對工作產生抗拒的心態。再加上，他又沒有下定決心要專注處理回信的工作。如果他事前明確地下定決心，應該就可以把信件完成了吧。

卻因他沒有下定決心，而心理產生抗拒，不想專注在工作上，倒專注在和同事聊天。

這和水往低處流的道理一樣，**專注力會自動去尋找容易專注的事**。如果沒有有意識地決定「集中點」，專注力就會流向抗拒力較低或沒有抗拒力的地方。

當然，心理抗拒性較強的工作，就會一直沒有進展，這是很自然的。

可是，和跟同事聊天比起來，幾乎所有工作都是抗拒性較強的事情。正因如此，必須事先下定決心，要把注意力集中在心理抗拒性較高的工作上。

必須下定決心處理客訴信件，確信自己絕對不會做其他的事情（反正無論如何，最後都必須把回覆客訴信這件事做好）。

不管是什麼事，**最好不要放任專注力自由發揮**。因為這麼做，會讓它容易流向抗拒力低、弱的事情。

心智

08

對專注力的偏見消除了，剩下該注意什麼才好……

老實執行清單上的項目

CHECK

□不要突然「照自己的想法」做事。

□毫不懷疑地執行清單上的項目。

從下一章開始，我會開始介紹具體的 know-how，在此之前有件事情要提醒大家。首先，我想先跟大家介紹番茄時間管理法（Pomodoro Technique），這是一種非常單純的、由下而上的工作術。

- **專注二十五分鐘，然後休息五分鐘，視為一輪。**
- **記錄剛才專注在什麼事情上。**
- **記錄無法專注的原因。**

在實行這麼簡單的方法時，有個訣竅。那就是告訴自己，**如果不老老實實地按照它的方法做，就無法判定這個方法有無效果**。

有些人會說「這個方法我老早就做過了」，但他可能沒做滿二十五分鐘，而只做十五分鐘。

我把這個方法稱作「強制石膏」，也就是說你在試行一個不確定有沒有效果的特殊方法時，唯有照著對方所說的做，才能親身體會其效果。

我曾實際上把番茄時間管理法放進我每天的工作之中。

我把任務分割成幾段處理時間，以二十五分鐘為單位，做完一段就休息五分鐘。我用 iPhone 內建的計時器計算時間，試著一天實踐了三輪。

試做之後才發現，原來要專注二十五分鐘也不是一件簡單的事。實際實行後，才更能理解作者在書中寫的意思。

有沒有讓「背叛」成為習慣

如果覺得番茄時間管理法沒有道理，喜歡更有根據的方法的人，或許可以嘗試「心理韌性」（mental toughness）的訓練法。

但即使是訓練心理韌性的方法，在內容上仍有些許地方稱不上「科學」。但就依據的明確度來說，它確實比番茄時間管理法清楚。

這兩種方法到頭來說的是同一件事情，「**問題在於，為什麼我們無法去做事先決定好的行動**」。更明確地說，「我們是不是已經養成習慣，老是背叛我們事前做好的決定」。會影響我們的事物太多了，從訊息、光線、氣味到聲音，任何一個外在環境都會令我們受到刺激，奪走我們的注意力。

番茄時間管理法並不是靠計時器幫助你專注，沒有這回事。它的目的是設定一個狀況，讓你自由地在事前決定好節奏，暫時完全臣服於規定，不允許有其他干涉。

理想上來說，你一定會希望可以走完全程。也就是說，在二十五分鐘的計時開始之前，你已經開始想像專注的感覺了。

能做到這一步，你下次在處理任務的時候，你就會有一種海闊天空的感覺。

腳註

★《Pomodoro Technique Illustrated》Staffan Noteberg

第1章

「一分鐘」立即行動的方法

1分鐘

01

知道專注是一件「好事」，但就是忍不住拖拖拉拉……

先試著專注一分鐘

CHECK

□不要「太用力」。
□將計時器設定一分鐘就好。

某位冥想指導者提倡「一分鐘冥想法」。這個方法如同字面上的意思，只冥想一分鐘。據說，**光是這麼做就有效果了**。

「或許是真的吧，但真難令人相信。」我想大概很多人都會這麼想吧。參加他講座的人，也抛出同樣的疑問：

「為什麼你認為一分鐘的冥想就會有效果？」

結果這位冥想指導者說：

「先讓我問你一個問題，你覺得冥想這個東西發明多久了？」

「應該很久了吧，兩千年，說不定五千年前就有人發明？」

「沒錯，也就是說今天參加講座的人，大概都聽說過冥想這個方法可以帶來很好的效果，但幾乎所有的人都沒有冥想的習慣。」

他接著繼續說：

「所以說，對今天來參加講座的人來說，**冥想實在是沒有用的發明**。對這些人而言，就算你告訴他們，每天應該養成冥想三十分鐘或一個小時的習慣，他們也做不到。所以與其完全不做，不如試著每天冥想一分鐘，說不定他們就會愛上冥想也說不定，你覺得有沒有道理？」

不知為何，我對這段小插曲印象很深刻。的確，冥想可以帶給內心良好的影響，有效舒緩壓力，降低血壓等對身體各方面都有好處，這些我想大家應該都多少有耳聞吧。

可對於沒有做過冥想的人來說，**大概會認為「冥想根本沒有什麼用」**。

專注也和冥想頗為類似。現在專注力的身價好像變得水漲船高，大家都希望增加小孩的注意力，或增進自己專注做事的能力等等。

但到真的要工作時，又開始分心上網，或讀書讀到一半突然想聽音樂。也就是說，幾乎所有人內心真正的想法其實是根本不想專注。

如果是在「被動狀態」，那就沒有意義

和冥想一樣，專注力很容易被認為用處不大。

所以我也和那位冥想指導者一樣，建議大家先試著專注一分鐘試看看。只要專注一分鐘，不限內容，我想每個人都可以做到，不需要特別的修養或工具。就算你認為它沒用，反正只有一分鐘，試試看也不會有什麼損失，對吧？

而且雖然只有短短一分鐘，如果可以下定決心，每天都實踐，那麼意義還是很大的。

所謂的專注和必須主動才能發生的心理現象不同。我想大家都有這樣的經驗，心不在焉地盯著電視看，電視正在播有趣的懸疑片，「忍不住專心看了起來」，等回過神來，已經過了一個小時了。

換言之，在被動狀態下發揮專注力是非常常見的狀況。

然而，本書所推薦的**「發揮專注力」，一定要是在主動、有意識的狀態下去做才有意義**。對本書來說，什麼叫做「發揮專注力」？我想專注的時候就能專注，這才叫發揮專注力。

為了達到這個境界，你必須先從能確實做到的部分開始，只專注一分鐘，在這個意義上就是非常好的訓練。

1分鐘

02

大家都說，為了說話算數，「應該貼文讓大家都知道」，但我不想這麼做……

對自己宣告

CHECK

□ 寫在紙上告訴自己「要專注」。

□ 學會靠自己的力量。

首先，要說明清楚，我所說的宣告，不是在Facebook等社群網站上，告訴朋友「我宣布，我要開始改變」或是「我宣布，我要減三公斤」。

不是這樣，而是例如在工作開始前，對自己宣告「接下來我要開始工作了」。以我現在的狀況來說就是，「我要開始寫稿了」，像這樣對自己宣告。

或許有人會懷疑，不可能光這麼做就可以發揮專注力吧？

的確，這個方法或許不值得期待它能發揮多大的效果。但**它確實可以產生微小的效果，且長期持續下去，就能產生很大的力量**。

每一個瞬間過後，我們都會變成別人。雖然這個差異小到肉眼看不出來，但人不是一年一年變老，而是一瞬間一瞬間變老，無法避免變化。

當然，大家可能有類似的經驗，每天晚上都下定決心說「明天我一定要早起！」，結果到早上反而懷疑「昨天哪來的信心認為自己有辦法早起」，彷彿自己換了一個人一樣。

人在每一瞬間都會變成別人，甚至，過完一天，就完全變成另一個人。只是因為變化不大，所以不會特別去留意。

但我們沒有必要把自己的決心告訴他人。因為我們自己正不斷地變成另一個人，所以**你只要對內心的「他」或「她」宣告「我要專注！」即可。**寫在紙上也可以，或許有些人會覺得這麼做很蠢，但應該沒有人覺得這件事困難到做不來的程度吧。

在 Twitter 上面推文「我接下來要專注了！」可能不僅沒有人理你，也不會把你的話當真。你有沒有專注，別人根本無法得知，也覺得與他無關。

但對自己來說，這件事就大有關係了。試著對自己宣告：「我要專注！」你很快就能判斷自己的宣告是認真的或敷衍的。

如果宣告沒多久就開始做一些和工作無關的事情，去泡咖啡之類的，那就表示你不是認真的。你可以立刻知道真假，而且跟自己非常有關係。

「讓自己一直維持在專注狀態」的方法

發揮專注力時，最理想的狀態就是靠自己的力量專注在眼前的工作上，如果能做到這樣是最好的。如同前面提到的，很多無法專注的例子都是由於環境因素影響，想要處理這個問題，使用降噪耳機等工具也是不錯的方法。

但最好還是學會靠自己的力量，也就是在任何時候、任何狀況下你都能專注。**宣告，是為了做一個區隔**。當你想要專注的時候，可能會想起還有些事情做到一半、掛心某些事情，或剛好周圍環境鬧哄哄的，這些都是擾亂專注的因素。

即使如此，仍要對自己宣告「我要專注」。而且是清楚地宣告「即使碰到了某某狀況，我仍要專注」。

如果可以做到這樣，那麼你就不需要工具，在任何時候，任何條件下，你都有辦法專注。這才稱得上是真正的發揮專注力。

1分鐘

03

專注前希望能做一個明確的區隔，
有什麼比較有效的方法嗎……

試試訓練卡

CHECK

□用一分鐘的時間，凝視一點。
□實際感受這個方法的效果。

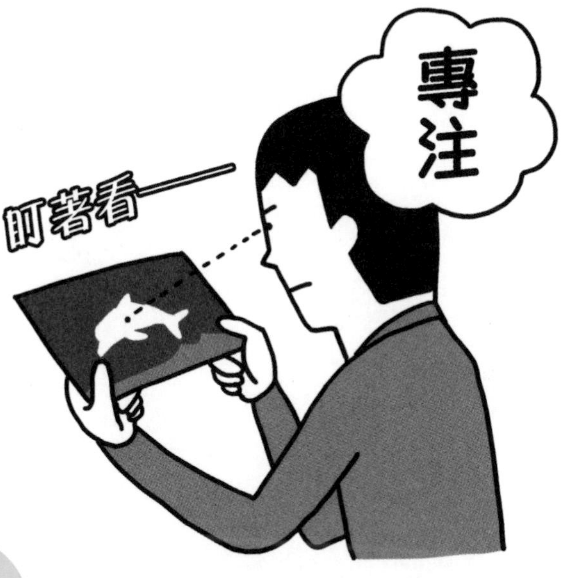

大家知道「殘像心智訓練」（残像メンタルトレーニング）這個方法嗎？

搜尋網路，可能會找到各種大受歡迎的「使用卡片訓練專注力的方法」。

我知道這個方法後，也試了一次看看，發現它確實有一定的效果，所以決定在本書中介紹它。

我猜這個方法已經取得專利或商標登錄，因此我不能隨意製作他們的「卡片」。

再者，為了瞭解這個方法為什麼有效，我透過網路和書本讀了很多資料，但都沒有找到能百分之百讓人信服的解釋。只是，我自己做過之後，覺得可以產生一定的效果，所以想介紹給大家，也僅止於介紹的程度而已。

這個方法的優點是非常容易上手。**透過紅色和綠色，或是黃色和藍色的粗線，設計出各種圖形，讓人很自然地會想凝視卡片中的一點**。透過補色和白描的效果，容易讓人的視覺產生殘像。

重點在於，持續凝視一點。時間越長，殘像存留的時間越久。它的原理是，持續凝視一點可以鍛鍊腦部「肌力」，讓專注力在短時間內獲得提升。如果沒有持續凝視一點，殘像很快就會消失。殘像持續時間的長短，就好像是專注力的計量器一樣。

用在「讀書、寫作、短期記憶」，效果比較顯著

以我的經驗來說，凝視卡片二十秒，殘像會存留三十秒。換言之，**只要做一分鐘左右的訓練，就可以提高你的專注力**。

老實說，一開始我壓根兒不相信這個方法有用，就沒買它的書或卡片，只是從網路上選幾張圖片，試了一段時間。

結果好幾次發現它真的有效果。比如說，寫稿寫不下去的時候，只要做一分鐘的「殘像訓練」，就可以立刻繼續寫下去。

即使如此，我還是無法接受他們說明的根據，什麼從腦中會發射出 θ 波、持續

凝視一點的重要性等，光這麼做就可以有效果，真的很難讓人相信。

不過，它真的有效。以我來說，最有感覺的就是，我的**「短期記憶力」確實獲得提升，雖然只是暫時的**。

比如說，假設我現在這打算寫一篇介紹這個方法的報導，經過訓練後，不管是「殘像心智訓練」的相關用語，或是想要引用的相關書籍的書名或作者，都能在腦中接二連三地浮現。

實際上我比較過做「殘像訓練」前後的記憶力，像是「背誦一連串無意義單字的記憶力」，平均來說只有〇．九個字會出錯。

雖然這不是什麼了不起的事，有時候也會錯到三個字，但是**從未有過「做完訓練之後記憶力降低」的情況發生**。

接下來，我認為至少要重複實驗一百次，才能真正讓人相信它可以提升短期記憶力，而且想要作為有效的數據，至少要找一百個人做實驗才行。

但就主觀來說，我本身的短期記憶與專注力，真的透過「殘像心智訓練」提升了。因此，我推薦大家也來試試看。在網路上搜尋「殘像心智訓練」的圖片練習不用花費半毛錢，就算買書來看也不是太高的花費。

1分鐘

04

習慣一邊聽音樂一邊做事情，這樣好嗎……

聽同樣的音樂

CHECK

- □每次工作都要從「一樣的音樂」開始。
- □回神聽到音樂時就休息。

差不多該休息一下了……
English
English

這個方法其實就算不是音樂也OK，但每次一定都要聽一樣的東西。可以聽同樣的音樂，不是音樂也可以，比如說很多人在討論的「咖啡店的噪音」，這種用加工過的聲響也可以。

又或者聽習慣的遊戲音樂也不錯。下面我擷取了一段在「GIZMODO JAPAN」（譯註：日本最大的科技情報網站）網站上看到的相關報導。

◆

遠距上班或在家工作等，近來越來越多環境可以讓工作者在辦公室以外工作。應該有不少人順道進入咖啡店裡工作。比起完全無聲，周遭環境稍微有些背景聲音反而容易專注。

◆

這篇報導中也出現了關鍵字「專注」。

但是我想強調的重點不是「稍微有些背景聲音反而容易專注」，而是「聽同樣的聲音」除了可以提高專注力，至少還具備兩個意義。

遮斷其他噪音。

發現專注中斷的指標。

第一個是把意識集中在聽習慣的聲音，藉此遮斷其他的噪音。

在家裡工作的話可能沒什麼問題，但在外面工作時，我們無法確定會被什麼聲音打擾。有時候，好不容易空出時間在咖啡店準備好好檢討某個點子，隔壁卻開始聊起天來。而且，你還不可以抱怨。

這時候，如果可以透過平常聽慣的「傾盆大雨」的聲音來作防禦，意外的干擾就會降低。但這個方法一定要使用平時聽慣了的聲音，否則無法期待它的效果。所以平時就要使用同樣的聲音進行防禦。

「回神聽到」音樂在播放時，就休息片刻

還有一個觀察可以當作指標，當你意識到音樂，就表示你的注意力被打斷。

這是難度稍高的技巧。一邊聽音樂一邊工作時，如果狀況不錯，會立刻忘記自己正在聽音樂。

為什麼我會知道這件事？因為依我自己的經驗來說，當我的專注力中斷，會突然感受到「喔、原來我有放音樂」。

認知心理學不斷指出，人的注意力範圍非常窄。當人在專注，這個範圍會變得更窄。因此專注思考的人如果非常認真想一件事情時，有時候外表看起來卻像是在發呆，讓人覺得滑稽。

反過來說，當你感受到音樂，就表示你的專注中斷了。這時候，你應該稍作休息才是合理的。

腳註

★可以用咖啡店的喧囂或雨聲當作像是 BGM 的 Web App「Hipstersound」（白噪音背景音效）

1分鐘

05

我現在知道聽同一個音樂的好處了。有沒有除了音樂以外，也必須保持「一樣」的東西……

設定同樣的條件

CHECK

- □ 啟動機器人，每次都做同樣的事。
- □ 對於很難專注的事情設定「條件」。

每次寫企劃案的時候
一定要在這裡！
ON
轉換心情
啟動企劃
生產機器人

題外話，我前幾天把《戰爭與和平》（*War and Peace*）讀完了。

最近我對於自己的讀書速度真的很有感覺，和以前相比快非常多，所以才會想說試試看買一本長篇小說來看，結果還是以驚人的速度讀完了。

會發生這種變化是因為，我都在同一種電子書閱讀器（我用Amazon Kindle）讀書的緣故。這真的是讀書革命。完全不懂速讀法的我，今年以來讀書速度大約提升了四倍。

經常在同樣的條件下讀書，是非常重要的事。

我非常建議像我這樣並非讀書家，看書速度又不快的人，盡量「在同一個條件下讀書」。這就像很會開車的人，在停像自家的停車格一樣又小又窄的位置時，也會很順手，這是因為他開習慣自己的車子的緣故。

但書本就不一樣了。每換一本書，字體就不一樣。文字的大小也不同，書的重量也不同，紙的顏色也不同。

很多人可能覺得「這是當然的啊，沒什麼大不了」。但用我的話來說，很抱歉，你的「機器人」可不這麼認為。

專業頂尖運動員也是一樣，程度提升的越高，就**越執著於追求使用相同的道具，相同的條件，甚至到了有點神經質的地步。因為他的「機器人」喜歡這麼做**。不管是形狀、重量感、功能性、色調等，我們會在不知不覺中記住很多細節，記憶越深，對於細部的差異越敏感。

以我的經驗來說，持續一段時間完全透過 Kindle 閱讀，就會使得我的閱讀產生劇烈的變化。

把干擾的「開關」關掉

在所有運動中，我對滑雪比較投入甚至還擁有執照，所以比其他運動瞭解一點。每次去滑雪場都穿租借雪橇穿的人，只要買一雙自己的雪橇練習，技術就會進步得非常快。因為他的機器人記住了「雪橇的使用方式」。

我的身體裡面也住著一隻「寫稿機器人」，如果沒有它，我絕對沒辦法過著現在這樣認真的生活。我對它的依賴就是這麼深。只要按下「它」的開關，我就可以用飛快的速度打字，想出點子，整理文章，這些事情光靠我自己是辦不到的。

我只需要思考一件事情，那就是**怎麼按下「寫稿機器人」的開關**。

「開車機器人」的話，通常人只要坐進車子中它就會自動啟動，Twitter 機器人之類的啟動也很簡單。但「寫稿機器人」就麻煩多了，至少你要先關掉「開車機器人」或「Twitter 機器人」才能啟動它。

當你心想「去咖啡店寫稿好了」的時候就已經在心裡開始醞釀期待，希望自己走進咖啡店時，能夠打開「寫作機器人」的開關。光是這個期待，就十分有效果。

只要走進咖啡店，就會產生許多行動的限制。在咖啡店裡，你不可能躺下來，或者盯著一些奇怪的網站看，自然會產生一些約束。再者，你也不用替自己泡咖啡，也很難在裡面睡覺。

換個說法好了，**當我們走進咖啡店，平時一些容易啟動的各式各樣的「機器**

人」，它們的開關就會自然消失。

結果就是，「寫稿機器人」的開關比較容易按下。同樣地，如果使用愛用的電子書閱讀器，並盡可能在同樣的環境設定下讀書，就可以發揮驚人的專注度。這個原理請大家務必記住。

1分鐘

06

好想擺脫逼自己「繼續專注下去」的痛苦……

自己設定截止期限

CHECK

□決定截止期限。

□相信自己「當今天可以遵守截止期限，明天也辦得到」。

你現在正在看的這篇文章，是的，我說的就是你眼前看到的這篇文章，這些文章是我從平成二十八年四月六日（星期三）早上十一點四十七分開始寫。

至於完成這一篇的截稿期限是同一天的中午十二點十分。換句話說，我必須在二十四分鐘內寫完。

究竟，這種設定截止期限的方式有沒有效果？

我認為有。不只是我，**我相信一定有人多人認為像這樣設定截止期限的做法很有意義**。

沒錯，這是你自己決定的截稿時間。沒有人會因為你遵守了這個時間而稱讚你。也沒有人會因為你沒遵守而罰你錢。遵守了，沒有獎賞，不遵守也不會怎麼樣。

但是，還是要設定截稿時間。**透過設定截止期限增加現實感，可以增加我的專注度**。

為什麼會產生這種心理現象呢？

可以從幾個方面說明，不過最妥當的說明還是，這麼做對我的好處很大。

有什麼樣的好處呢？

沒錯，沒有人會稱讚你，你的主管也不會發獎金給你。

但在不想專注的時候，「勉強自己專注」是一件很痛苦的事。應該要用功的時候卻看電視，而心裡又一直擔心考試的事，這真的很痛苦。

只要能夠開始專注，就能擺脫這樣的痛苦。

光是能擺脫這樣的痛苦，就是最大的好處。專注，就可以得到這種單純的好處。

現在專注，可以幫助「下次的專注」

除此之外，至少還有一個好處。**今天若可以專注，明天之後，專注的成功機率就會提高。**

今天的我和明天的我不一樣，可能有人覺得這樣的想法很奇怪。

今天寫的內容和明天寫的內容不一樣，今天寫得出來不代表明天也寫得出來。

話是這麼說沒錯。

但今天若不能專注，就這樣空過一天，明天有很高的可能性也一樣這麼空過。馬拉松也是，游泳也是，不管是用功或閱讀，只要覺得勉強，都容易發生這樣的狀況。偷懶一天的話，要再重新啟動專注的狀態就很困難了。

當然，生病或真的疲累的時候，千萬不要勉強自己。**但明明可以做，卻還偷懶，一不小心就會養成習慣**。

必須連續好幾天「排除」這樣的習慣，才能讓自己維持在容易專注的狀態。

實際上的成果如何呢？現在是平成二十八年四月六日（星期三）早上十一點五十九分。我成功遵守截止期限了！

這樣的感覺很重要，會讓我覺得，我明天也辦得到。才過了十二分鐘，但我的心情完全變得不一樣。在這十二分鐘當中，我大幅更新了自己的心情。如果我沒有寫到這裡，就這樣拖到明天，那麼我至少得背負十個小時以上無法專注的壓力。

重視這樣的心情，是提升專注力非常重要的訣竅。

1分鐘

07

有什麼方法可以幫助我起跑衝刺……

在顯眼處貼上字條

CHECK

- □把「應做事項」寫在紙上。
- □然後把它貼在看得見的地方。

還有一個方法或許大家用過，那就是「看字條」，這是提升專注力的重要方法。

我們先從相反的狀況開始想像。

大家大概都有過類似的經驗，在做某件事情時，忍不住被某樣東西吸引目光，然後趕緊告訴自己不可以把注意力放在這上面，立刻撇開目光。**因為你知道只要撇開目光，就能分散對該件事物的注意力**。

比如說減重的人在忍耐空腹的時候，會避免讓自己看到食物。

在著名的心理實驗「棉花糖實驗」中也顯示，「目光避開食物，就可以分散對食物注意力，進而分散對食慾的注意力」。

棉花糖實驗是以未就學兒童與小學低年級學童為對象所進行的實驗，把好吃的棉花糖放在他們面前，測試他們可以忍受多久時間不把棉花糖吃掉。

有些小孩沒多久就忍不住吃掉棉花糖，也有小孩忍耐到規定的時間。在成功忍耐的小孩當中，很多小孩採取的「策略」都是撇開目光不要看著棉花糖。

人很難看著某個東西，卻又不被它吸引注意力。

如果可以好好活用人腦的這種「看到，就想注視」的功能，就能讓我們一進到工作場所，就瞬間發揮專注力。做法很簡單。針對目前最需要專注投入的事情，做以下思考：

- **為什麼我現在要做這件事？**
- **如果不做，會發生什麼「不妙」的事？**
- **要先從哪個部分開始做？**
- **最終目的為何？**

把寫下這些答案的字條貼在桌子顯眼的地方即可。讓自己先讀過這些字條，再開始工作。

字條可以「支援」你的專注力

「看」這件事是否為專注思考的必要條件，我不知道，但我認為大多數的場合，「看著某樣東西，就能把思考專注在那個東西上面」。**寫字條的理由不僅是作為「備忘」，也是為了「支援專注力」**。

常有人說，人是「視覺」的動物。當然，人的聽覺、嗅覺也遠比一般人認為的還來的優秀。即使如此，毫無疑問地當我們下判斷的時候，對於「用眼睛看來下判斷」的部分極度重視。

因此，當我們想專注的時候，看什麼東西就很重要。**當我們想專注之前，最好把所有的注意力放在必須專注的對象上**。想要專注在某個「案子」上，那就讓眼睛只能看到那個「案子」。

理解人的專注力容易發揮在眼睛看到的地方這個特性之後，我們應更慎重地擺放工作中會「映入眼簾」的事物。

腳註

★《光用說的就能寫出來的終極寫作法》（野口悠紀雄、講談社）

1分鐘

08

我們做同一件事情，可以持續多久時間與意識……

試著專注兩分鐘

CHECK

- □克制自己不要讓目光移到別的地方。
- □下定決心告訴自己「先忍耐兩分鐘就好」。

前面在本章中已介紹大家「只專注一分鐘的方法」。這次要教大家的是，**試試看把專注的時間持續到兩分鐘**。

人的意識並不會長時間維持在同一個狀態。威廉・詹姆士（William James）這位在心理學界來說算是古典時期的心理學家，曾提出「意識流」的概念，因此聲名大噪。意識流是在評論詹姆斯・喬伊斯（James Joyce）的《尤里西斯》（*Ulysses*）時，必定會出現的心理學概念。

先把這些艱澀的東西放一邊，我們要談的是「意識會流動」這件事。只要大家稍微內省一下自己的意識的「流動」，應該就會立刻發現這個事實。意識就好像是不停在瀏覽網路的人一樣，**一開始上網只是為了「查詢如何專注」的資料，沒想到回過神來，卻變成在閱讀麻將的戰略**。

那麼，我們對於同一個主題的意識，究竟有辦法維持多長時間呢？在自然的狀態下，我們可以集中意識多長時間呢？

想要知道這個答案，有一個有趣的指標，那就是以「想要瀏覽部落格或線上雜誌的文章」的人為對象，所作的「跳出率與停留時間」的調查。

網路上充滿無數的文章。裡面有專家寫的東西，也有完全是個人嗜好的日記。

在這些無數的文章當中，讀者會在很短的時間內判斷要不要讀某篇文章，若決定讀，就會分割一點時間讀它，汲取裡面的情報。寫文章的人當然會希望別人看到他寫的東西可以被讀久一點，甚至被多看幾眼也好。

但無論是新聞網站或是個人部落格，很少人會長時間待在同一個網站細讀裡面的文章。更準確的說法是，八成的人大概只會瞄個一眼，但不讀裡面的內容，然後直接跳到別的地方了。這個現象就稱作「跳出率」。**就網頁瀏覽來說，跳出率七成已經算是好了，比較差的都是超過九成**。

大部分的人在上網的時候，都不太會專注在同一件事情上，像蜻蜓點水一般，才剛接觸到一個資訊，下一個瞬間又跳到別的地方去了，不會專注在一個資訊上。

忍耐「兩分鐘」不要移開目光

其次，沒有跳開的人花了多少時間讀文章？這個資訊可以透過「平均停留時間」做統計得知。不過每天文章的長短差異很大，很難用同一個標準來看。即使如此，**據說每一篇文章如果可以讓讀者停留兩分鐘，就已經算「非常好」了**。

既然有八成的人會在一瞬間判斷「這篇文章根本不用浪費時間讀」，相較之下，如果有人肯花兩分鐘讀一篇文章，對該文章的作者來說，他已經是非常棒的讀者了。

雖說網路是比較新的技術環境，還是可以滿足人類自然的需求。我們如果不是面對自己喜歡的東西，很自然地就不會想專注在上面，這一點我們可以從「跳出率與平均停留時間」的統計得知。這個原理運用在報紙或雜誌上，我想也可以得出相同的結果。

反過來說，如果你可以專注兩分鐘在同一件事情上，就已經算是成功地持續專注了。

不管做什麼事情，都要注意不要動不動就轉移目光，想辦法制止這個壞習慣發生。只要兩分鐘就好，假如你可以在兩分鐘內專心讀書、做事，那就代表你的專注力已經邁向另一個嶄新的階段。

1分鐘

09

玩困難的電玩遊戲可以非常專注投入，但簡單的作業卻無法集中精神……

把作業遊戲化

CHECK

- □限制時間。
- □隨時可以不做。
- □準備東西犒賞自己。

羅徹斯特大學的心理學教授傑瑞米．傑米森（Jeremy Jamieson）對於「專注力以及壓力」的關係一直感到困惑。

他在美國的大學踢美式足球的時候，每次都覺得隊友們似乎很享受在比賽前的緊張感。這就是對運動愛好者來說非常熟悉的「興奮激昂」的狀態。

但以心理學來說，把同樣的人放置在同樣的狀態，卻可能觀察到相反的結果。比如說，期末考快到的緊張狀態，這些足球員大概就無法享受了。

比賽前或考試都必須面臨成功與失敗的壓力，就這一點來說，兩者並無不同。有人可能認為關鍵在於這件事和自己的前程有沒有關係，但美式足球的比賽對某些選手來說，也和「自己的前程」有關，而且就算期末考的表現「不如預期」，少許的失分還不至於葬送掉自己的未來。

問題不在於與自己的前程是否相關。這兩者的差異只有一點，那就是你把接下來要做事情當作比賽或是考試。這兩者的壓力程度不相上下，承受壓力的也是同一個人，既然如此，為什麼他們在面對比賽的壓力時會感到興奮，而在面對考試的壓力時會感到痛苦呢？

像「超級瑪利歐」一樣設定環境

我也曾經有過類似上述案例的疑問。

為什麼小孩子在玩很難過關的電玩時精神就很專注，但換成做算術練習時，即使是很簡單的問題，他也很難像玩電玩時那樣集中精神。

而怎麼樣才能讓小孩子在念書時，能像在玩超級瑪利歐時一樣專注呢？

從心理學的觀點來說，這並不難做到。

只要把做算術練習時的狀況換成玩超級瑪利歐，大概就沒問題了。具體來說，只要做好下列的環境整備即可。

● **限制時間。**

- **做得好的話，以音樂或視覺意象來通知。**
- **失敗也不要責備。**
- **隨時可以不要做。**
- **讓他覺得自己可以辦得到。**

或許有人覺得「說得很簡單，但要做出這樣的環境設定很困難」。是的，沒錯，確實不容易。算術練習並不是好玩的遊戲，所以小孩子才會這麼不喜歡算術。

同樣的原理可以套用在我們身上。**想要專注在某件事情上，我們就得限制時間，做得好要讓自己知道，失敗也不要責怪自己，而且隨時可以停止，告訴自己一定辦得到。**

如果可以做到這幾點，幾乎可以篤定地說，你一定可以專注在工作上面。

1分鐘

10

還可以從電玩遊戲中學到更多嗎……

記錄玩遊戲時的快感

CHECK

□ 設定時間玩遊戲或上網。
□ 把當時的心境寫下。

前陣子，「網路成癮」的現象引發社會討論。有些人一天花十個小時、十五個小時上網看影片，結果雙腳的肌肉退化，連站都站不起來。

現在，這類網路成癮的人應該還是存在。為什麼我們會這麼容易沉迷於漫畫、遊戲和上網呢？

下次當你要打開最喜歡的遊戲或漫畫時，先暫停一下，仔細檢視當時的心理狀態。我想大家應該還沒做過這樣的檢視，一定會有許多新的發現。

把這些發現記錄下來。

然後，不管是玩遊戲也好，看漫畫也好，設定計時器十分鐘後響。十分鐘後，當警示鈴響起，立刻問自己下面三個問題：

- **「專注」是什麼樣的心境？**
- **為什麼你可以「專注」？**

●「專注」之後，和之前有什麼不同？

試著把這些答案寫下來。然後比較這些內容和集中精神之前寫下的紀錄。

進入專注狀態後，就可以得到「快感」

這些紀錄和回答的內容可能都不相同，但我們可以從心理學的角度做若干說明。

其中最重要的是，「十分鐘」一下子就過去了。也就是「忘記時間的流動」。

關於這點有許多種不同的說明，其中最讓人信服的是，「人的心理狀態通常會意識到自己所做的行為以外的事情，透過這種意識的分散，會讓人不禁喚醒這個世界的時間正在流動這樣的想法」。

搭乘新幹線時，你可能會忘記自己的速度，但眼睛望向窗外，就會立刻察覺自己正以非常快的速度移動。當你對「外部」的意識消失時，就會忘記自己的時間的流動方式。

這樣的狀態才真正稱得上是「專注」。

其實，人很容易進入這樣的專注狀態。

現在你再拿出專注前的紀錄，以及進入專注狀態的時候所做的回答，重讀一遍，應該會發現一個幾乎確實存在的重大事實。

那就是進入專注狀態時，可以獲得「比之前所想像的更大的快樂」。

甚至，被警示鈴打擾或必須寫下問題的答案這些事都會讓你覺得厭煩，因為你不希望這份快樂被打斷。但還是請你忍耐一下，把它寫下來。因為這份紀錄彌足珍貴。

越來越多人無法專注於工作，反而把時間消磨在無謂的事情上，那是**因為他們無法回想起專注狀態的快感。**

只要把前面的紀錄保存下來，我相信會有更多人回想起專注狀態的美好，然後更容易進入專注狀態吧。

1分鐘

11

與別人競爭的時候，容易使出傻勁，這種作法有效果嗎……

和「昨天的自己」相比

CHECK

□可以的話，和別人相比。
□就算做不到，也和昨天的自己相比。

人是討厭輸的動物。

這大概和我們是社會性很高的生物有很深的關係吧。

我們人類既不會在天空飛，也不像大象或犀牛擁有巨大的身體，沒有毒針也沒有利牙，很難靠個體存活下去。自然而然地，必須靠集結共同體的智慧存活下去。這個觀點已普遍為人所知。

共同體有很多優點，但**缺點之多也不亞於優點**。對於待在學校或職場會感到水土不服的人，應該最瞭解共同體生活的負面之處吧。

人為了存活下去會互助合作，同時為了從組織或社會中獲得利益，又會互相競爭。爭奪金錢就不用說了，像是更好的居住地或是土地，哪怕只有些微的差異，也要互相爭奪，還有性伴侶、「地位」等都是爭奪的對象。

隨著人類文明的發達，在已經獲得十分安全的生活空間的現在，所謂的競爭，已經全然變成人與人之間的爭奪。因為人現在已經不會輕易地被其他生物「幹掉」，所以會發展成這樣，十分自然。

既然我們的基因要求我們必須從與社會、他人的競爭中脫穎而出，所以在現實的環境中總是不斷地要與他人競爭。或許是這個原因，**我們人對於芝麻蒜皮的小事也要爭個輸贏，這儼然已成為人的「第二本性」。**

輕鬆「變得認真」的方法

最後，很不好意思地以我個人的興趣作為例子，我平時有去網球中心上課。在中心，每次做完八十分鐘的練習後，都會舉行一個形式簡單的雙打比賽。

在這場簡易的比賽中，勝負的條件就是先取得六分的一方獲勝，完全沒有其他「繁複」的規定。這是一場由附近中高年男女（包括我在內）混合的比賽，大概幾分鐘就結束了。

即使如此，當比賽開始時，大家就會變得比練習還「專注」，非常認真的爭輸贏，真是不可思議。

有些在練習時很容易失誤的人，到了比賽就變了一個樣子，不放棄任何一顆球。有些人因為太過緊張，平常可以輕鬆應付的球反而失誤。

無論如何，**人在「競爭」的狀況下，很容易變得認真**。沒有比這種活用心理更好的方法了。換言之，只要讓人彼此競爭工作的速度與品質，就可以使人容易專注在工作上。

所謂的競爭並不一定是和他人的競爭。當然，如果和同事處理同樣的工作時，可以和他比賽誰做得比較快，這是很理想的方式。

但是如果狀況不允許，你可以和「昨天的自己」比賽。

在從事內容相似的工作時，你可以測量每次的時間，和「昨天的自己」或「最佳時間」、「平均時間」比賽。

當然並非速度越快越好，光只有速度還不夠，還要靠自己判斷「比較工作的品質」。無論如何，讓自己進入「競爭」的模式，試著讓自己變得更加專注，才是重點所在。

第2章

整理頭腦的「記錄法」

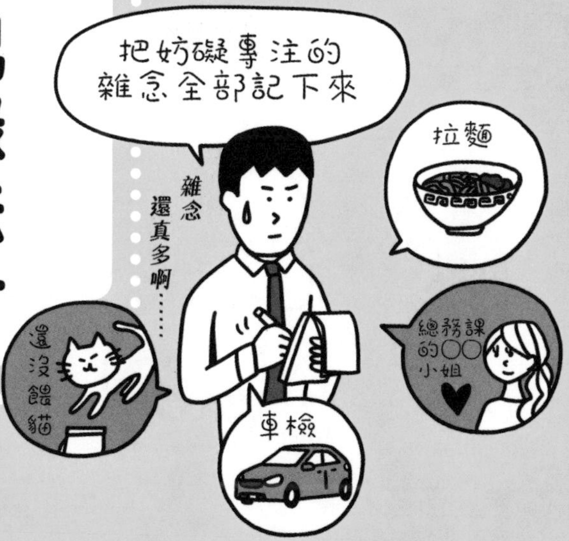
把妨礙專注的
雜念全部記下來
雜念還真多啊……
拉麵
總務課的○○小姐
車檢
還沒餵貓

記錄

01

頭腦亂七八糟，很容易分心的話該怎麼辦……

先把雜念記錄下來

CHECK

- □養成隨時隨地記錄的習慣。
- □不用寫得很工整漂亮。

把妨礙專注的
雜念全部記下來
雜念還真多啊……
拉麵
總務課的○○小姐
還沒餵貓
車檢

「不管怎麼做，我就是很容易分心！」

對於這樣的人，我有一個確實有效的方法。

養成習慣，隨身帶著記事本，心中一有雜念，不管內容是什麼，全都一五一十地記錄下來。

不用整理或分類這些紀錄，總之把它全部寫下來就對了，腦袋只要想著這件事就好。

想要利用大腦的特性獲得專注力，這是一定要做的方法。

我們先想想，「大腦」的作用究竟是什麼？

「為了思考」，這大概是我們很容易說出口的答案吧。但事實並非如此。假如「大腦」這個器官存在的目的是「用來思考」，那麼那些幾乎無法思考的動物擁有「大腦」就沒有意義了。不是只有愛思考的人類才擁有「大腦」。

「大腦」會為了因應各種狀況作出複雜行動的器官。以鳥來說，牠擁有「大腦」

的目的是為了飛翔。

因此，有人認為當我們什麼都不做的時候，大腦更容易胡思亂想。特別是當我們想集中精神的時候，注意力特別容易被打亂。

其實我們的大腦會不斷注意周遭的狀況，然後根據狀況不斷地作出回應。換言之，**大腦會即時更新我們的思考。**

哪裡發出聲音，我們就會看向那邊。哪裡的畫面在變動，就會吸引我們的注意力。過去我們為了在森林中生存，必須靠聲音判斷外在的情況，隨時做出防禦的姿態，或是獵捕會移動的動物作為食物。

「動筆」取代思考

像這樣，我們每分每秒都會啟動我們的注意力，每分每秒都會改變我們的想法。當我們放任腦中各種思考奔馳，再經由聯想，就會不斷有新的想法浮現，會分心也是理所當然。

所謂的各種思考，包括好的點子、忘記買的東西、還沒聯絡的人、口渴時想喝什麼飲料等。

也就是說，平時腦中就充滿許多應該想起的事情、應該寫下來的事情，以及還沒完成的欲望等等。

這些事情我們沒辦法一口氣一次全部做完，或者在那個時候，我們必須把精神全部集中在完全不相關的工作上。在這種狀況下，最合理的做法就是，先把它們寫下來，事後再來檢討。

浮現好的點子當然要記錄下來，還有待會必須做、必須聯絡的人也要寫下來，當然包括之後想做的事情。

換句話說，**如果腦中的思緒停不下來，那麼最合理的做法就是，不斷把思緒快速記錄下來**。

當你感覺事情已經被記錄下來，便更能專心地處理眼前的事務了。

記錄

02

煩躁不安的時候、心情低落的時候，該怎麼做才好……

把心情記錄下來

CHECK

- □把內心浮現的心情化為語言。
- □全部記錄下來。

在前一節中，已經說明過「立刻寫下來」的效果，這個方法也很適合用在「心情」上。

把心情記錄下來，並不是我突發奇想的方法，而是真的有一種非常有名的心理療法，稱作「筆記療法」。

討論工作術時，這個療法也時常被拿出來討論。**藉由「把心裡在意的事情記錄下來」這個動作，至少可以暫時把在意的事情趕出腦外**。

當我們與同事有口角等，發生令我們覺得煩躁不安的事，特別難把精神專注在眼前的工作上。這件事聽起來很理所當然，但為什麼會這樣呢？

會發生口角，就表示發生了問題，為了不讓同樣的問題再次發生，我們的大腦會一直掛念這件事。

大腦原本就是為了克服困難而發達的器官，所以會一直意識到問題。

但當它意識到問題，我們就很難專注在其他的事情上。這是當然的，**因為當我**

們專注在某件事情上，就表示在那段時間我們已經忘記其他所有的事。

當大腦不斷掛念著某個問題，我們不可能同時要它忘記這個問題，這是矛盾的。然而，消除這個矛盾的方法就是「記錄」。

把問題先記錄在記事本上，大腦就不用一直掛念著它，然後獲得解脫。這麼一來，你就可以埋首在「應該專注的地方」上。

不要用大腦，用「記事本」記錄

本書的書寫主軸為「遮斷雜音，不要讓它干擾我專注」。

首先最單純的就是「不要讓自己受到干擾」，比如透過降噪耳機來排除物理性的「聲音」，也是其中的一個方法。

透過記錄排除的這些障礙並不一定只是自己的情緒，還包括之後必須做的事項。把預定要做的事情寫進記事本，也是同樣的道理。

為了專注於眼前要做的事情，先不要把之後要做的事情記在腦中，而是把它記錄在記事本上。

同樣地，**把心情記錄下來，也表示你之後願意面對這個問題並處理它。**所以就廣義來說，把心情記錄下來和把應做事項寫進記事本，意義是一樣的。

「專注」就意味著「集中注意力在現在應該做的事情上」。

無法專注，就表示你的目光脫離現在這個軌道，你的頭腦正受到現在以外的刺激並做出反應。

只要遮斷這樣的刺激，就可以專注於現在這個當下。

記錄 03

每次專注時，心裡就容易產生不安，覺得「是不是忘了什麼」……

使用待辦清單

CHECK

- □ 連理所當然的事情都要寫出來。
- □ 實際感受安心的狀態。

我自己從早上起床到晚上睡覺，這段時間所做的每一件事都會使用待辦清單檢視，確認自己該做的事情都有做。

很多人聽到我這麼說，大概都會覺得：「這傢伙是笨蛋嗎？」

早上起床，拿浴巾、準備替換衣物、沖澡。打開浴室的窗戶，啟動換氣扇。出門散步前，記得熄燈。整理可燃垃圾。檢視昨天覺得不滿意的事情。早餐時間，帶女兒去上廁所。餵女兒喝水。端出盤子，準備兒童餐具。把麥茶倒入水壺。

這些程度的事情，我倒不至於會全部忘記，即使沒有待辦清單，大半的事情我也不會漏掉。

但**有待辦清單比較能讓我安心地專注做其他事**。同樣的道理可以套用在生活、工作等任何事情上。

這點我在研討會或書本上提過好多次。

人是健忘的。自以為沒有忘記的事，實際上卻忘了，只是沒察覺到。所以，我們的心底一直會覺得好像忘了什麼而感到不安。這份不安就會妨礙我們專注。

嘲笑待辦清單的傢伙
會被待辦清單殺掉

「好啦好啦，待辦清單是吧，我會找時間做的啦！」過去，很多人曾用這樣的態度回應我。以我的經驗來說，最有效果的回應，就是引用下面這本書的事例。它有點長，但我認為讀完之後，一定可以改變對方的想法。

◆

一切都很順利。

抬起肝臟，下面發現一粒水煮蛋蛋黃顏色般的腫瘤，我把它從大靜脈中摘除。

雖然很費工夫，但不特別難。

但當我摘除完腫瘤時，才發現我犯了一個嚴重的錯誤。

我傷到他的大靜脈了。

慘了。

這和把他的心臟開一個洞沒兩樣。

可怕的出血量，鮮血不斷湧出。

他體內的血液不斷從腹部流出，照這種情況下去，不用六十秒他的心臟就會停止了。

當時我心想，死定了，我殺死黑格曼了。

但是，**我們在手術開始前已經檢討過待辦清單了**。

其中有一個檢查項目是，預估會有多少出血量，以便於預先準備好血液。當時我說：

「腫瘤附著在大靜脈上，不排除有大量出血的可能。」

護理師聽我這麼說，早就向血庫組確認準備四個單位的血液。

多虧這一張盡寫些理所當然之事的待辦清單，葛文德醫師不用被送進監獄，還可以繼續當醫生。正因為有待辦清單，我們才能安心地專注在工作上。

腳註

★《清單革命：不犯錯的祕密武器》(The Checklist Manifesto)，阿圖・葛文德（*Atul Gawande*）著

記錄

04

即使製作待辦清單，也因為應做事項不斷增加，效果不彰……

使用「了結清單」

CHECK

- □ 製作待辦清單。
- □ 不要增加待辦清單的項目。
- □ 中途插進來的任務寫在別的地方。

為了讓工作順利進行，應該有不少人會使用便條紙或便利貼來幫助記錄。

把待辦事項、不可忘記的事項寫出來，確實是發揮專注力很好的方法。甚至，可以說是不可或缺的方法。有時候，我們工作到一半時，忽然會想起「對了，忘了預約晚上聚會的店」等瑣事。這時，你在工作的期間，腦中不時會思考「要什麼時候預約？現在約比較好嗎？」所以無法專注在工作上。

這時候，**只要在記事本上記下「不要忘記預約聚會的店！」，你就能安心埋首工作了。**

當然，有些人會繼續擴充它，把待辦事項全部寫上去，變成一份「待辦清單」，然後一項一項解決它。

這也是很好的做法，但就提升專注力來說，還有更好的方法。那就是**依照內容或時間，把待辦清單暫時做個了結**。

比如說，製作完「今日工作清單」後，就先把這些事做完。不允許追加新的事項。即使要追加，也要清楚區分段落。例如，一開始製作的「今日工作清單」用列印的，追加的部分則是用手寫。這樣一來，從哪個部分開始是屬於「追加」項目，就可以一目瞭然。

這種封閉性的清單，我把它稱作「了結清單」。有了這份「了結清單」，只要你下定決心要做，隨時都可以專注地工作。

若能讓大腦事先「綜觀全體」，運作就會變得非常好

了結清單最典型的例子就是旅行前的行李清單。大家是不是有過這樣的經驗，先備好行李清單，然後一一檢查，意外地旅行前的準備就會變得非常輕鬆。

這份了結清單的內容或許事後還會做修正，但**目前只要照著清單上列出的項目，把事情完成就好，所以會讓人產生一股安心感**，容易專注做事。

同樣的經驗還有「料理食譜」。料理食譜也是一樣，只要照著上面教的步驟做，就能完成預定的料理，這也算是一種了結清單。當然，這樣的清單，你可以追加新

的事項，也可以不追加，都行。

照著食譜做菜的人，大部分都會沉浸在做菜的世界中。這意味著，若所有的作業都能有一份「食譜」，那麼大家就更容易集中精神。說到這裡，有些人可能認為，「即使製作了結清單，當中途插入新的交辦事項，還是得追加新的項目」。

這裡有一點誤會，製作「了結清單」，並不代表工作就此「了結」。**重點在於，能否下定決心，暫時集中精神，把這一段工作做個了結**。

當然，之後一定會增加新的工作，或臨時有任務交辦你，所以我的意思是，追加事項也沒關係，但盡可能把追加的任務放在另一份清單。

人的頭腦若能預先做個評估，「這些工作份量，需要多少能量去處理」，會比較容易運作。

假如一份清單中的工作內容一直無法被了結，不斷地追加新工作，大腦會一直維持在「不斷投入所有能量認真處理」的狀態，務必多加小心。

記錄

05

明明做了好多事情，但一天的時間
好似一眨眼就過去了……

再怎麼微小也要做出成果

CHECK

□不要想一鼓作氣把所有事情做完。
□確實地照清單上的項目逐一去完成。

就成果來說，不管你花多少時間，若只是發呆什麼都不做，連一釐米、一公克，或是一行字的成果都沒有。

舉個例子，我在寫這一段稿子時，從打算要寫到真的開始寫這中間，就是因為沒有其他事情打擾，我才有辦法寫它。

有時候，我們把自己搞得很忙碌，忙東忙西花了很多時間，結果最後什麼成果也沒有。聽起來很像玩笑話，但確實會發生這樣的事。

東跑跑西跑跑、偶爾寫些東西、打個電話給誰等等，明明已經把應做事項寫在清單上了，**結果很可能一天過去，清單上的項目一個也沒完成。**

這真的很可怕。

換句話說，你忙了半天，焦躁、到處活動之後，卻不一定能換取成果。

想要獲得成果，就必須把努力用在做出成果上。而且在真正獲取成果的這段期間，必須把精神集中在手邊的事情上。

即使它只能產生出很小的成果。

家裡有小朋友的人，或是學校老師、在補習班打過工的人應該能瞭解我在說什麼。

小學低年級的小朋友，要他們專注在一件事情上，即使是一點點時間，都不是件容易的事情。

要他們寫十次「ㄅ」都很難。若一次要求他們寫兩個字，可能有小孩子連寫都不想寫。

有些小孩不肯乖乖坐在書桌前，一個字都還沒寫，心思就不曉得飛去哪裡了。

待「微小的目標」完成之前，完全不做其他的事情

我們大人的情況還不至於那麼糟。

但我們曾經都是小孩子。

而且，**當我們要做不是很有興趣的事情時，內心的那個小孩子就會跑出來。**

也就是說，這時候的我們，可能一個字都還沒寫，心思就飄到別的地方去了。

專注於工作對你而言越是一件困難的事，你就越應該堅持每一件小事的完成。

再小的事都可以，要下定決心做出成果。

以寫文章來說，先靜下心來，好好地把一小個段落完成。如果連這都做不到，那就先從把一行字完成做起。

若是做簡報，那就先從完成一張投影片開始。

自己要「下定決心」，在完成這一件小事之前，絕不分神做其他的事。

記錄

06

很容易腦中想到什麼就去做什麼，怎麼做才能避免這樣的情況發生……

一邊寫一邊思考

CHECK

- □不要只用頭腦思考。
- □把問題寫下來，就能輕鬆找出答案。

大家知道「河內塔」這個解謎遊戲嗎？

遵照以下的規則，把所有圓盤從左端移動到右端的杆子上，就算完成。

- **由三根杆子以及中間開洞大小不同的多個圓盤構成。**
- **一開始所有的圓盤皆置於左端的杆子中，按大小順序放，最小的在最上面。**
- **圓盤一次只能搬動一個，可以移動到任一個杆子上。**
- **然而，大圓盤子不能疊在小圓盤上。**

如果把這些規則用圖形來表示，你會發現其實它是非常單純的遊戲。

這個遊戲常在認知心理學的教科書中被提及，用來作為研究「思考」或「人工智慧」在「解決問題」時的事例。

以問題的性質來說，**這世界上有很多「問題」，只要把它「寫出來」，就能迎刃而解。**

也就是說，要分成兩個階段，先寫出來，然後再檢討答案，這樣會讓人更容易專注。

光是把用文字說明的河內塔遊戲規則化為流程圖的過程，我們就已經變得很專注了。如果你對這個遊戲很有興趣，那就更容易投入其中。

當圖示一旦完成，你幾乎可以不用「思考」或「專注」，就能找出最快的解答方式。

看一眼，就找到答案了。

寫下來可以節省「無謂的思考」

這跟大家從事的工作內容有關，但看看我們周遭，很容易就能發現與河內塔性質類似的工作。

這種工作會按照一定模式，只要簡單稍微動一點頭腦，但必須連綿不絕，不斷重複「作業」。

假如你的工作是要一邊確認Excel，一邊檢查郵件和回信，就常會接觸到這類型的作業模式。

若你的工作是必須長時間從事這類型的業務，那就不能光靠頭腦去想，**像解答河內塔的「圖示」一樣把它寫出來，會比較容易專注**。有不少工作術推崇「寫出來」這個方法，也是基於這個理由。

大家看河內塔的解答圖就知道，如果是用直覺去玩，即使最後得出解答，

河內塔的解答

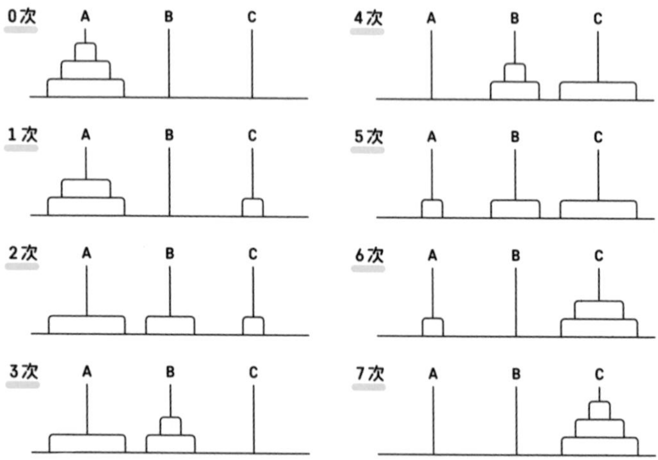

也不會是最快的方法，大部分都會用到多餘的步驟。

而且可能要等到真的把它畫出來，你才會發現這件事。

記錄

07

有時候就連「寫下來」都嫌麻煩，
該怎麼辦才好呢……

用錄音的方式記錄

CHECK

□思考的輸出方式並非只有書寫而已。
□利用手機做口述紀錄。

「口述筆記」這個技巧其實自古即有。

據說，俄羅斯文豪杜斯妥也夫斯基（Dostoyevsky）就曾經請他的太太擔任他口述筆記的秘書。工作內容就是，把他說話的內容用文字記錄下來。

沒做過的人我想無法體會，做這樣的紀錄需要一段時間習慣。寫文章誰都會。而寫的方式大約可分為三種：

- **用筆寫在紙上。**
- **用電腦等工具打字。**
- **口述筆記。**

這三種方式需要的技術都不同。

但它們在「思考內容 → 輸出」這個形式上是共通的，只不過作業的方式不同而已，**第一種是用慣用手在紙上寫字，第二種是用十根手指頭輸入文字，第三種是**

用嘴巴作筆記。

如果不習慣某種作業方式，輸出的速度就會跟不上思考的速度。

但**若習慣了，那麼「口述筆記」可說是最輕鬆的一種，而且速度很快**。看看我們人的習慣就知道，喜歡口頭上的溝通遠遠勝過筆談。

我在美國留學的時候，英語發音非常糟，所以一開始和朋友或在醫院需要交談時，都會用筆談的方式進行。但最後我還是選擇用英語交談，因為筆談的方式真的太累人了。

用口頭作為思考輸出的方式，仍是比較有效率的做法。

用說的，一定比較輕鬆

這個時代，越來越多事情只要用說的就解決了。只要有一台手機，任何人隨時隨地，都可以透過手機作口述筆記。

「語音輸入的辨識度不是很低嗎？」有些人可能會這麼認為。但那是很早期的手機才會有這個問題。

現在手機的「口述筆記」的辨識度已經有了長足的進步。如果只是為了備忘，應該選擇口述筆記。備忘不用寫得很工整，重點在於快速記錄。

因此，**在工作中，越是緊急的事情，越應該對著手機把腦中的思考接二連三地用語音輸入**。

如前面所說，大腦的特性就是會接連不斷地聯想，我們無法阻止它。妨礙我們專注的，正是我們自己的念頭。我們必須在被念頭妨礙之前，把思考的內容說出來。

如此一來，我們就不會被聯想打擾，腦中第一個念頭就會固定在眼前的文字。然後很自然地順著文章的內容思考，反思之後再說出來。習慣這樣的流程後，**手邊只要有一支手機，你就可以隨時隨地進入專注狀態**。

可能有很多人認為，這個作法用筆寫或打字也是一樣不是嗎？原理是一樣，但打字只能在特定的地方。而且，如同我前面說過的，比起用寫的，用說的還是比較輕鬆。

目的在專注，輸出思考的方法不過是手段而已，手段當然越輕鬆越好。

特別是，對於大部分的人而言，用語音輸入的方式會比文字輸入簡單且輕鬆，所以建議大家試著習慣透過手機做口述筆記。

記錄

08

現在我瞭解書寫的效用了。那麼，要多久回顧一次紀錄呢……

回顧紀錄

CHECK

□每兩到三個小時檢視自己有無照著規劃的進度走。

□用一句話把當時的心情記錄下來。

所謂的回顧，就是把紀錄重新檢視一次。

這是發源於美國，由非常著名的大衛・艾倫（David Allen）在著作《搞定！》（*Getting Things Done*）所介紹的工作術中，常提到的「每週回顧」。

所謂的每週回顧是指，以一週為單位回顧你的目標，並確實地修正計畫，檢查你的工作管理系統。也就是每隔一個星期，就要重新修正你的工作管理系統。

用一個星期為單位確實很方便，在許多方面都可以用得上。但我個人更推薦以更短的間距做「回顧」。有多短呢，**每隔兩到三個小時**。

我發覺「人的意志比想像中更薄弱」。每週一次重新檢視自己的生活方式並修正軌道，我覺得真的能做到這一點的人非常厲害。

大多數的人都無法做到每週一次回顧修正自己的軌道。為什麼會這麼說，比如說，我們把目標設定在星期六，可能星期一就忘記這件事了。即使設定每個星期六為「重新回顧的時間」，很可能過一個星期之後，就嫌麻煩不做了。

最令人痛心的，就是自己居然在很短的時間內就背叛了自己的決心。即使設定三十分鐘回顧一次，三十分鐘過去後，有多少人可以遵守三十分鐘前自己的約定。即使我現在下定決心，「我要來寫稿了」，很可能三十分鐘過後我已經在讀小說，結果稿子一行也沒寫成。

培養自己用「客觀的角度」觀察自己的能力

當我發現這件事後，就覺得每週訂立計劃重新檢視這樣的做法很難達到效果，還不如每分鐘下決定，每分鐘重新檢視，然後修正自己的軌道。

我把這個方法命名為「瞬間回顧」。每次切換行動的時候，就要詢問自己「我現在在做什麼，你覺得做這件事好嗎？」等等用一句話評論自己要做的事。然後透過評論，修正每一個行動。

如此一來，只要一天的時間，我們就能夠慢慢地專注在自己的行動上。即使我本來想要寫稿，後來卻變成看漫畫，也能很快地意識到寫稿的事情，只要評論看漫畫這件事，我就可以立刻回到寫稿的行動上。

雖說如此，但我跟別人推薦這個方法時，都會遭到拒絕：「每一瞬間都要回顧，實在太麻煩了。」因此，我建議大家，每兩到三個小時回顧檢視一次。

你可以用手機設定每三個小時警示鈴響，提醒自己回顧「我現在在做什麼？」、「現在有什麼感想？」然後，簡單做個評論，並每三個小時回顧上一次的紀錄。

光是不斷重複這個做法，就可以確實提升你的專注度。因為你正有意識地在習慣自己的行動。不用想得太困難，只要自然地在心中養成習慣「用稍微客觀的角度觀看自己」即可。

順帶一提，這個瞬間回顧的紀錄整理起來後，就能變成一本「日記」，等一個星期過後，你再重讀這本日記，就可以概略地提出一週計畫，慢慢地你就能做到「每週回顧」。

能夠做到這一步，才真正幫助自己強化專注力。

腳註

★大衛．艾倫《搞定！》「每週回顧」

記錄

09

有效果比較好的回顧方法嗎……

撰寫未來日記

CHECK

□重讀日記。
□整理出行程相同的日子。
□想像接下來會發生的事，做好心理準備。

和A公司談判時，一定會被問到
根據在哪裡？
想好明天的對策吧
未來日記

大家聽過「未來日記」嗎？

所謂的日記本來應該是記錄已經發生過的事情。特別是當我們說到「日記」時，一般都是用來記錄「今天已經發生的事情」。

「今天已經發生的事情」就表示它已經成為過去，並不是未來。因此，「未來日記」這樣的名稱聽起來或許有些奇怪。

我不是預言家，沒有預言的能力，沒辦法把未來即將發生的事情，當作已發生的事情記錄下來。但是，**當我讀著自己以前寫的日記時，有時候會覺得上面記錄的內容，好像是未來即將要發生的事情一樣**。

記錄這些事情並不難。近來拜IT技術進步飛速之賜，剛才發生的事情、吃過哪些東西、想過那些事情、到過哪些地方，都可以很輕鬆地留下紀錄。

現在有所謂的「生活日誌」（Lifelog）這樣的說法，如同字面上的意思，就是記錄自己的「人生．生活」。

我自己本身就是很愛記錄的人，但比起自動留下照片或拜訪場所的紀錄，我更愛隨時把自己的想法記錄下來，無論如何現在要記錄任何事物都變得簡單許多。不管是妻子和女兒的對話，或在眼前飛來飛去的蜻蜓，現在都可以輕鬆地把它錄成影片，也不用花什麼錢。十年前要做同樣的事情，不僅要花很多錢，還很費工夫。

留下這麼詳實的紀錄後，你會慢慢發現，**在某幾天行程相似的日子中，它們所留下的紀錄都非常相似。**

例如，以我來說，每次星期六受邀去演講的行程都非常相似，包括早餐的時間、搭的電車、帶的東西、聽的音樂都很像，也難怪這些天的紀錄內容都很相似。

日記內容相似，表示那幾天的經驗也很相似。既然經驗相似，那麼當你反覆讀到某些類型相似的紀錄時，應該可以把它當作是一種「未來日記」。

心理準備若能「自然地」完成，就能展現專注力

自從我把日記當作是一種「預言之書」看待後，不管是寫日記或讀日記都變得

非常有趣。當然，這裡面不會寫到「外星人要攻打地球」這種刺激性的內容，而是非常平淡的「預言書」，不過因為裡面寫的都是「即將發生在自己身上的事」，所以非常有趣。

當你知道接下來會發生什麼事情，就知道該把精神集中在什麼地方。

不可思議的是在重複同樣行為的那天，有時甚至連遭遇的麻煩都一模一樣。或許這並不值得大驚小怪。不管如何，既然事先知道會遭遇什麼樣的麻煩，就可以先做好心理準備。這種自然形成的心理準備對發揮專注力有很大的幫助。

「事前就知道會發生什麼事情的話，不就失去樂趣了？」或許有人會這麼認為，但這種事情跟樂趣沒有太大關係。

譬如，當你聽到天氣預報說今天有很高的機率會下雨，出門前又看到天空陰陰的，所以決定帶了把折疊傘出門，這樣會失去樂趣嗎？不帶傘出門，被傾盆大雨淋濕比較刺激嗎？

專注就是讓意識集中於一點。就像我們開車如果事先知道路線，就更容易集中精神開車了。**如果可以某種程度事先預測會發生什麼事，我們的意識就更容易聚焦。**

記錄

10

看到未來日記，心裡不禁「擔憂」起來耶，怎麼辦……

撰寫杞憂日記

CHECK

- □寫下擔心的事情。
- □擔心的事最後若沒發生也記錄下來。
- □事後若重讀一次，就會感到安心。

延續「未來日記」的話題，接下來講的事也和「日記」有關。那就是我自己取名為「杞憂日記」的東西。

這個發想是來自於杞人憂天的故事，也就是杞國的人老是擔心天空會不會掉下來，後來用來形容一些不必要擔憂的事情就像是「杞」國的人們的「憂」慮一樣。

從旁人的角度來看，看到一個人擔心天空會不會掉下來的樣子，應該會覺得很好笑。但人在擔憂時，確實就像杞人一樣。**對旁人來說看起來很愚蠢的事，但對擔心的當事人來說，滿腦子都離不開這個憂慮。**

會不會得罪某人了、破掉的隱形眼鏡碎片會不會卡在眼睛裡等，人一旦煩惱起這類的憂慮，就很難停下來。這種「杞憂」為什麼很麻煩，因為它會「擾亂專注力」。當你滿腦子在想，自己是不是得罪某人了時，做什麼事都很難有進展。這就和心裡老是擔憂「天空會不會掉下來」還要一邊工作一樣困難。

這時候，即使別人告訴他「不要那麼在意」，他的心情也好不起來。當然，請他把煩惱說出口，可能會讓他心情稍微輕鬆一點，但他還是會覺得心裡老卡著什麼東西，導致他做事情一直無法專注。

對於這個問題，我已經慢慢找出改善的方法。那就是撰寫「杞憂日記」。

煩惱擔心的事情九成以上都是「浪費時間」

「杞憂日記」指的是，若你有感到「擔憂」的事情，就把它寫進日記。這個方法的效果超乎你的想像。比如說，在職場上，假如覺得自己和別人產生齟齬時，就把這件事寫進「杞憂日記」中。

既然都寫進日記裡，即使過了好幾天，「心裡難免還是會有些在意」。但幾天過後，你會發現原來這一切都只是「杞人憂天」，然後再把這個心得記錄下來。這樣你就會知道，原來你這幾天的擔心都是白費的。

當這些紀錄累積夠多之後，漸漸地，你就可以**自己預測：「這次的擔心或許也是多餘的。」**光是這麼做，原本擔心的心情就會緩和不少，很不可思議。接下來，就能把更多精神用在專注上面。

根據我自己留下的紀錄來看，我平均約十三天，也就是兩個星期會「杞人憂天」一次。而**「杞人憂天與真正值得擔憂」的事情的比例，大約是二十三比一**，也就是說，我擔心的事情有百分之九十以上都是在浪費時間。

自從我掌握這個事實之後，令我驚訝的是，後來即使我心裡有擔憂的事情，卻還是可以維持對工作的專注力。

當然，我所擔憂的事情中，並非全都是「杞人憂天之事」，有時也會遇到「不好的預感真的應驗」的事情。但很明顯，什麼也沒發生的機率高得多。而且不管有沒有發生，我們都應該專注在工作上。這是我透過杞憂日記所得到明確的結論。

有些人可能認為，這種事沒必要把它寫成日記吧？可如果我沒寫成日記，我就不會瞭解自己所擔心的事有九成以上都是自尋煩惱。

在不知道這個事實的狀況下，我的專注力就會受到影響，這是毫無疑問。

第3章

整理環境的「消除法」

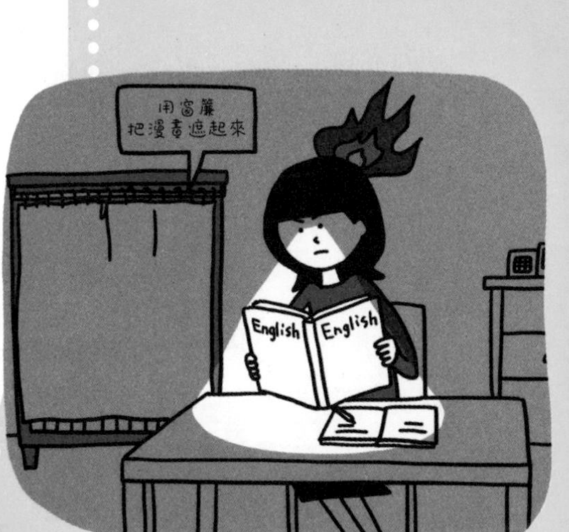
用窗簾
把漫畫遮起來
English
English

消除

01

要做的事情若堆積如山，就會覺得厭煩，提不起勁……

眼不見為淨

CHECK

□ 除了重要的事，其他東西全部遮起來。

□ 讓眼睛聚焦在一小部分。

用窗簾
把漫畫遮起來
English
English

讓某樣事物變得「顯而易見」，類似的話我們很常聽到。

但我想告訴各位的是另一個同等重要的觀念，就是「眼不見為淨」。

大家知道 OmniFocus 這個任務管理工具嗎？

它的功能非常強大，所以被視為正統派的任務管理工具。它可以輔助你記憶明天、一個星期之後，或是遙遠的將來你想做或必須做的事情，是種可以補強記憶的工具。

它管理的範圍從近期的今天、明天，橫跨到遙遠的將來，因此它所處理的項目數非常龐大。

由於它處理的範圍太大，從「購物清單」，到搬家準備、斷捨離、家計的管理等，什麼都要處理，反而會讓人煩惱，應該先專注做什麼事。

OmniFocus 名稱中的 Focus 正是專注的意思，但要怎麼使用這個工具，才能實現專注呢？

一個方法是，**把除了應專注的事物以外的項目全部遮蔽起來**。

請大家回想常見的大綱的格式。好比說，把一本書的章節大量簡化，就會出現左邊這樣的階層結構。

所以你可以在 OmniFocus 建立類似這樣的「目次計畫表」，從 1-1 開始寫起，然後 1-2、1-3，很簡單地訂定計畫。也就是說，每一章的每一節都是一個「任務」，所以才說它是「任務管理工具」。

這麼一來，即使面對寫書這個大工程，依然能毫無遺漏，非常周密地完成它。

「一直盯著整體看」，有時會讓人感到厭倦

但另一方面，一直盯著書籍的大綱，或許有些人會覺得，原來要完成一本書要費這麼多功夫，便開始產生厭倦感。而且很少有人會在寫第一章的時候，去思考第九章的內容。換句話說，把專注力用在應該專注的地方，效果比較好。

OmniFocus 有一個功能可以只顯示你想聚焦的地方。也就是說，你可以看第

一章整體，也可以只看見 1-1 的部分。

針對使用者希望只看見目前正在做的部分，OmniFocus 現在只要一個點擊就能做到。

我發現，有了這個功能之後，我的專注力突然提升許多。

當然，如果你想全面俯瞰整體，只要把「聚焦」的功能關掉即可。

不限於工作，看書的時候、學習的時候、回信的時候也可以運用同樣的方法，不要讓多餘的東西進入視野，就可以幫助你提升專注力。

●本書的階層結構

第1章　「一分鐘」立即行動的方法

- 1-1．先試著專注一分鐘
- 1-2．對自己宣告
- 1-3．試試訓練卡
- ……

第2章　整理頭腦的「記錄法」

……

腳註

★OmniFocus，全能專注任務待辦軟體

消除

02

常常工作到一半或念書到一半就跑去上網，回過神來才發現自己又不專心了……

不要立刻查東西

CHECK

□把「想查的東西」列成清單。

□最後再集中一次查。

想要專注工作或學習的話，就不要查東西。

為什麼？**因為查東西是中斷專注力最有說服力的誘惑**。

現在這個時代，想要「查東西」的話，我們通常第一件事會去做什麼？答案很明顯。

那就是上網查。

說不定有大學教授會對著做專題討論的學生說：「不要什麼都靠上網查資料來解決。」

而說這句話的教授可能也會上網查資料。特別是非他的專長之事。

這是很難避免的。

因為，**上網查實在太方便了！**

在那古老而美好的年代，想要調查專業性很高的資料，就要去大型圖書館詢問圖書管理員，否則就查不到。

可現在，大家只要在檢索視窗中的空白欄位，填入「想查詢的事物」即可。

很多人對這個現象敲響警鐘，認為這樣「太輕鬆了」。

但不管警鐘敲不敲，方便的東西就是會流行，沒必要恢復過去的做法。

網路上的情報「全部都是障礙」

當我們說「查東西」的時候，就等同於「上網」，這一點我在前面說明過了。

只要停止查東西這個動作，就足以讓你專注在手邊的工作。

為什麼？因為網路上充斥著各式各樣的情報。只要上網，可以讓你分心的情報要多少有多少。

更準確地說，即使是查「怎麼讓你專注的情報」也不行。

打個比方，**即使你上網讀一篇「如何專注工作的七個習慣」的文章，做這件事本身就已經「分心」了**。

一旦開始在網路查東西，一定會接觸到許多和工作無關的情報。

查東西很重要。

但是，**最後再來查就好了**。

下次，若想專心工作，就先克制自己不要查東西。光是養成這個習慣，專注力就能大幅提升。

消除

03

只要是在電腦上作業，就特別容易分心……

讓自己無處可逃

CHECK

□ 斷絕自己的後路。

□ 重視每一個瞬間。

非常危險的寫作APP
Session length:
5:00 10:00 20:00
Don't stop typing, or all progress will be lost
Start
集中!!
儲存
手一停下來超過五分鐘，就全部刪掉喲！

我看過一篇介紹「世界上最『危險』的寫作應用軟體」的文章。

這個應用軟體提供的服務就是，他設計了一些方法不讓你分心。那就是，**在一定的時間內，若你停止輸入文字，那麼你之前所寫的文章就會被全部刪除**。時間限制從五分鐘到一個小時都可以選擇。

一開始我看到這個東西，還以為是什麼惡作劇，因為怎麼想都覺得這東西一點道理也沒有。

作為一個靠寫作維生的人，我知道一個道理，那就是想要成為作家不是靠一直打字就能成就的，所以五分鐘不輸入文字就全部刪除這個設定，我認為很蠢。

試過一次後，我發現，對於日文輸入的人來說，有一些限制大概沒辦法克服。因為它不是只有五分鐘的限定，還包括輸入的時間過久，內容也會消失。

而且它還有一個「極限模式」（hardcore model）可以選，那就是寫過的東西會被馬賽克處理。

這些設定對於不需要做「單字變換」的英文輸入來說或許做得到，但對於使用日文輸入的人來說，根本無法達到它的要求。

即使如此，實際使用過後，我瞭解到，這個「非常危險」的寫作應用軟體對專注力的提升真的非常有幫助。

脫離專注只需要「一瞬間」

最有用的地方在於，你無處可逃。如果不集中精神繼續往下寫，一瞬間你寫的東西就會不見。

當然，這個軟體不會讓你有記錄的功能，所以萬一你寫完「一個段落」，就必須趕緊用複製貼上，把它移動到另一個編輯者開啟的檔案。不知道為什麼，當我做這個動作之後，就會想要繼續往下寫。

進入專注所需的狀態只要一瞬間。

然而，**脫離專注也只要一瞬間**。一瞬間的時間可以決定你是立刻進入專注狀態，抑或渾渾噩噩地過一天。

所謂的無法專注，指的是你想去看「不應該專注的東西」，不把頭腦用在應該用的地方，反而用在不應該用的地方。這件事只發生在一瞬間。因此，這個「十分危險的」寫作應用軟體，讓你連「一瞬間分心」的機會都沒有。這個「一瞬間」，真的會讓你好不容易得來的靈感消失無蹤。

仔細想想，**我們之所以無法發揮專注力，是因為心裡的某處認為「重要的事情晚點再來做就好」**。

我們會覺得反正現在提不起勁，先看個 Twitter 培養心情，等幹勁來了再來寫文章好了。

但若「沒有後路可退」，不用特別刻意，你就會自動地發揮專注力。這個「十分危險的」寫作應用軟體，就是把這個道理用眼見為憑的形式讓我們瞭解。

腳註

★〈世界最『危險』的寫作應用軟體〉

文章出處「lifehacker」（日文版）

消除

04

早上習慣檢查郵件，是不是該戒掉這個習慣……

不要檢查郵件

CHECK

□不要一起床就看手機或電腦。
□早上先從「應做事項」開始做起。

本來我們的大腦對於生存危機、社會性批判、失去所有物這些事情非常敏感。但是，在現代日本這種經過相當人工化的環境中，除了自然災害，並沒有會迫害到生命的危機發生，也幾乎不用擔心自己的所有物會突然遭人奪走。因此，不管我們喜不喜歡，現代人的大腦最積極應對的，就是「社會性批判」。

以工作來說就是，無法遵守截止日期、惹上司心情不好、答應別人的事情沒做到等等。換言之，**我們每天最在意的事情就是，別人會怎麼說我們。**

檢查郵件的動作，就是它的象徵。

正因如此，我們最想放棄的也是與它相關的事情。但同時，它也是我們最掛心的事情。

我們在工作中所接觸到的郵件大多和委託相關。

從委託方的立場來看，他們很容易認為，被委託方理應優先處理他們委託的事情。不過，在任何工作都可以簡單地透過郵件委託的現在，每個人的收件匣，每天都會接到許多工作的委託，不可能同時處理所有事情。這件事情已經在大家心中形成一種默契。

不管是郵件或電話的委託，或是透過職場的聯絡管道的委託，基本上我們都應該依照被委託的順序做事。一般來說，早上一進公司最應該先做的事情，不會出現在新進郵件中。

當然，假如時時檢查新進郵件就是工作的一部分，那就不在我們討論範圍內。

從「根本」剷除檢查郵件的習慣

請大家「不要檢查郵件」，最主要的用意是，要大家應該改掉心中老是在意別人對自己的評價、批評、風評這樣的習慣。我知道有些人無論如何一定要從檢查郵件開始展開一天的工作。

但我認為這只是一種慣性，也就是習慣一進辦公室就要檢查郵件。如果每天工作之前就一定要檢查郵件，很容易在心理上養成一種習慣，那就是以為回應別人的要求是很重要的事，即使是微不足道的小事。這樣的習慣真的很不好，會妨礙我們專注在重要的工作上。

盡量養成習慣，以自己為主體，把心專注在自己應關心的事情上。所謂的專注，說穿了就是這麼一回事。

不只是工作，生活也一樣。早上起床就檢查私人的信箱、臉書、推特是很不好的習慣。早上一起床就先檢視別人的事情，很容易疏忽了自己應該思考的事情。**專注的時候，應自己選擇想要專注的事情。**不要檢查郵件、不要檢查臉書、不要檢查推特、不要檢查訊息、不要檢查電話答錄機。還有，不要看電視新聞和報紙。

這些事情表面上看起來，都是你自主性地選擇與自己應做的事情，但其實這些事情都是「不應該做的事」。

消除

05

心裡經常忐忑不安，擔心是不是收到了重要信件……

取消所有的通知

CHECK

□把所有通知設定為ＯＦＦ。
□只在最必要的時候維持通知的設定。

如果不檢查郵件就已經可以提升專注度，那再乘勝追擊，**乾脆把手機或電腦的「通知」全部關閉**。

搭乘電車時，經常會聽到「請將手機調至震動模式，並避免在車內通話」。震動模式，就是「不發出來電答鈴聲音」的模式。

但假使我們在睡覺，光是震動的聲音，就會吵醒我們。

如果想要專注在「睡覺」這件事上，收到郵件的提示聲響就不用說了，最好連手機震動都要避免。

即使是睡覺以外的時間，例如工作的時候，也最好把郵件等所有通知設定全部關掉。

尤其如果是新買的智慧型手機，不設定關掉通知，就會有很多「通知」跳出來，很容易打斷專注。比如說，收到新的訊息、即將到來的行程、錦織圭選手在網球大賽中獲勝等……

當然，有些訊息或許「值得通知」，但大部分的訊息都是「即使不通知，也不會產生任何困擾」。

所以我建議大家，把所有通知設定全部關閉。

是的，全部。

把全部的通知都關閉，你就會瞭解我說的，不會產生任何困擾的意思。這麼做，你就不會被「錦織圭選手獲勝」等一定會擾亂心思的消息打擾，可以成功地持續集中精神。

不是不能看新聞，而是在該專注的時段中，不要讓新聞自動跳出來，要把這類的設定關掉。

有些人比較容易操心，雖然可以不看新聞，但很害怕漏接重要人士所傳來的訊息。

如果真的有這種困擾，那就設定成只有收到特定的人的訊息時才通知。

要有「自主性」地使用電子機器

現今的智慧型手機和電腦可以做非常多的設定，當然也可以調整只收到特定的人的通知，或只在特定的時段接收到特定的人的通知。

我們應該更有自主性地使用「通知」的功能。像「推播通知」之類的功能，屬於「被動接收」訊息的方式，其實不是很理想。

應該是由我們「主動決定」要接收哪些通知，我們才能在需要專注的時段中不被打擾。

那個時段可能是讀書的時候，可能是睡覺的時候，可能是開車的時候，可能是說話的時候，可能是工作的時候，不管哪一個時候，我們都不希望被打斷。

大家想想，在你非常專注時，如果接到通知，會不會覺得很生氣？假如你在看一部非常有趣的電視劇，正在觀看最高潮的一幕，忽然收到一封訊息告訴你，某間

消除

06

走進咖啡店很容易不小心待太久，
時間一下子就過去了……

不要帶充電器出門

CHECK

□分割時間。
□限制自己無法延長時間。

有一本書建議大家「只要有十五分鐘的空閒，就請進咖啡店」。

看到這本書的標題瞬間，我心裡想的是：「只有十五分鐘，那我應該不會進咖啡店吧？」但我接著又開始思考：「那要有幾分鐘的空閒，我才會想走進去？」

我們可能在想工作的時候，想思考的時候，想讀書的時候，或者只是單純想休息的時候，踏進咖啡店。但每件事需要的時間都不同，所以應該先釐清進咖啡店的目的，看看有多少時間，再來決定要不要進去。

有時，在麥當勞等喧囂的空間內，反而容易集中精神工作。

就技術上來說，我一直都是帶蘋果電腦等輕量型的筆電出門工作。除非不得已，否則我工作都不需要網路。因為所需軟體與資料已全都放進電腦裡了。

而且，**我也不帶電源變壓器和充電器出門**。

如果只有使用三十分鐘到一個小時左右，筆電的電池絕對撐得住。用一般的速度，應足夠完成一項工作。

在外面工作有許多好處。其中之一就是可以分割時間，在某段時間內，確實完成「某件」工作。你可以試著空出三十分鐘，然後全心投入某件一定可以在三十分鐘內完成的工作，這樣你就可以體會「在某段時間內把工作告一個段落」的意義。

「在安靜而且可以長時間待在同一個地方的環境中」做事，反而容易拖拖拉拉

在外面工作時，不知為何，特別容易想「把工作告一個段落」。平常，我們只會在意「進度往前推進了多少」，但在外面工作，就會在意「有沒有把這件事做完」。

其實，你可以試著在外面把工作做完，回到家再把稿子用 E-mail 傳送出去，這樣就可以確實體會特地跑去外面工作的好處。

在外面工作比較嘈雜的環境中工作，要特別注意以下兩點：

● 找一個專注工作也不會引人注意的地方

● 分割時間，而且不要攜帶電源或插頭「延長」工作時間

這樣你就可以很自然地專注在工作上。表面上來看，似乎要找與上述相反的條件，比較容易專注。

也就是說，在安靜的環境，然後不用擔心電池沒電，在確保有電源的地方工作好像比較容易專注。

當然，適合這麼做的人就應該這麼做。在什麼樣的環境下才能專注，這點因人而異。在什麼樣的環境下可以專注，其實就是在問自己必須避開什麼樣的刺激，才不會擾亂自己的專注。

以我來說，比起噪音，受到他人注目更容易讓我分心，所以我會比較想在不受他人注目的環境中工作。

還有，我不會因為電池快沒電而心神不寧，反而會因為快沒電，所以急著想把

工作完成，更加專注在工作上。

最後，我在外面工作大概每次只能維持四十分鐘的專注。

像這樣，掌握自己的特性之後，就可以整理出在外面工作時讓自己發揮專注力的條件。

腳註

★《有十五分鐘的空閒，請進咖啡店》（齋藤孝、幻冬舍）

消除

07

有好多必須讀的資料和報告……

印出來讀

CHECK

□不用全部印出來。

□只印「重要的部分」。

現在大概很少人會說：「我幾乎都沒在讀文章。」

不管是教育相關或不動產相關的工作，甚至是占白領工作相當大比例的系統工程師，大家**「在工作中必須閱讀的文章量」可以說是一天比一天多。**

主要的原因不外乎流通文章的技術越來越進步，以及成本下降。

印刷物就不用說了，電子機器和網路的費用更是年年下降。

而且，通訊速度不斷提升，如果只是傳送或接收「文章」，即使是一本書的份量，也可以在「眨眼間」完成。而且收費趨近於零。所以大家才拚命互相傳送，或撰寫「想分享給大家」、「想讓更多人知道」的文章。

再加上文字輸入的技術越來越高，成本越來越低。早期著名的「微軟的Word」要價一萬元，現在有許多類似的軟體，幾乎不用錢就能下載。

製作文章原本就不一定要使用付費軟體。大家每天都在使用的手機也可以製作文章然後直接傳送，而且不需要花費太多時間和金錢。

由於上述的狀況，**我們閱讀文章的機會變多了，但人的閱讀速度並沒有持續增**

加。人不喜歡持續使用大腦中的同一個功能，所以長時間一直閱讀文字、讀文章，會讓專注度下降地非常快。

使用大腦的「不同的功能」

但我們又無法減少工作上讀文章的時間，這時該怎麼辦呢？有一個非常手段可以應付這個狀況，那就是「把一定要集中精神閱讀的文章列印出來」，看紙本。

這個方法並不環保。因為把工作用的文書印刷出來，等工作處理完畢，該印刷物就沒有作用了。

但人若大量透過電腦螢幕閱讀文章，一定會感到疲累，即使自己對於這樣的疲累沒有自覺，但大腦的視覺、知覺相關的專注力也必會下降。讀紙本文章和讀電子媒體的文章，這兩種作業方式還是略有不同。

在未來的時代，用紙本讀文章的機會一定會越來越少，因為讀紙本的優點將慢慢的消失。

相較之下，電子媒體的文書資訊將會越來越多。但如前述，**大腦處理這類資訊的能力有一定的極限**。

所以說，只有在情況比較嚴峻的時候，才使用印刷這個非常手段。並不是要大家把所有資料都輸出印成紙本，而是作為保存專注力的手段，我覺得把重要的文件印出來讀，是值得大家參考的方法。

消除

08

吵鬧的地點真的是百害而無一利嗎……

消除噪音

CHECK

- □ 盡量消除噪音。
- □ 如果希望達到完全無聲，可以使用耳機。

鴉雀——無聲……

努力時間

雖然這個方法似乎讓人覺得有些老調重彈，但既然談論專注這個主題，勢必要提到這個方法。

那就是黛安芬的「努力時間」。黛安芬是日本內衣業界的第二大廠（二〇一六年）。在該公司的官網，是這樣介紹「努力時間」的。

◆

這是黛安芬經常被刊登在媒體上首屈一指的獨特制度。每天有二個小時（十二點三十分到十四點三十分），公司內部禁止影印、打電話、走動，也禁止上司對下屬下命令，或下屬對上司確認事務，是一段只能專注做自己分內工作的珍貴時間。

◆

在康乃狄克州紐哈芬市內，有一間學校暴露在火車噪音之中。有一位心理學者想針對該校的學生進行調查研究，看看噪音會對他們的課業造成多少影響。

進行這類研究一定要先找到一間實際上暴露在噪音下的學校。接下來就容易多了，只要再找一間水準以及父母親的經濟條件差不多，只有噪音等級不同的學校即可。讓兩校的學生接受同樣的測驗，然後比較平均分數的高低，就可以知道答案。

先說結論，**噪音確實會對學生的課業造成相當不良的影響**。若學生處於極端吵鬧的環境，絕對不會為課業帶來良好的影響，這是從一般的常識就足以推測出來的結論。這個研究的結果更清楚顯示，長期暴露在噪音下的學生，學習程度將會落後一般學生一年左右。而且，光是市府替學校安裝防音墊，後來學生在課業上就不再有落後的情況出現。

這是就統計上來說，不論個別的差異，所以想必其中也有人對於噪音的耐受性很強吧。

但以我來說，絕對希望自己的小孩子進入沒有噪音的學校就讀，我自己也不想於吵鬧的環境寫文章。噪音的刺激會打亂注意力，沒有噪音才能更專注在工作上。

消除噪音，「大腦的運作」會更好

這一點我常在講座或在我的部落格提到。我覺得，噪音會擾亂專注力的這個事實，必須要讓更多人知道。因為，噪音這個問題，毫無疑問的屬於「外在環境的問題」。先不談透過心理上的努力或教育改善專注力，光是消除噪音，就可以讓人專注。知道這個事實後，要做到這點就很容易了。比如說，購買降噪耳機來使用就可以了。我也常在工作中使用降噪耳機。

戴上降噪耳機才發現，原來日常生活中有那麼多東西會發出聲音。尤其是拿下耳機的時候，感覺最明顯。

大腦為了不讓多餘的噪音擾亂專注，會透過一些功能的運作，「讓你感覺聽不到那些聲音」。如果省下這分力氣，拿來用在工作上，你就知道靠大腦自己來「消除噪音」是多麼不智的事情。

腳註

★SONY 密閉型無線耳罩式降噪耳機 藍芽對應 黑色 型號：MDR-ZX770BN/B

第4章

整理內心的「休息法」

休息

01

一個人在安靜的地方反而無法專注……

在很難專注的環境，反而要放鬆

CHECK

□ 對簡單的事情保持緊張感。
□ 對困難的事情保持放鬆。

頂尖的網球選手在觀眾注目之下，仍能發揮高度的專注力嗎？還是說，太多觀眾或太有特色的加油聲，反而會打亂他們專注呢？

一般認為，比起在觀眾座位空蕩蕩的場地中比賽，在溫布頓網球賽中受到大批觀眾的關注之下比賽，選手的表現會更賣力，因此應該比較能夠發揮專注力。

當然，或許是頂尖選手從練習時就受到許多媒體還有熱情粉絲的注目，所以已經習慣他人的視線，對他們來說，這就不會對專注造成太大的影響。

這兩種情形都有可能，以我自身的經驗來看，**他人的視線多少還是會影響專注度**。我從學生時代開始就喜歡打網球，算來也打了二十年以上，但技術還是很差勁。這不是什麼謙虛，而是以資歷來講，我的技術真的很差。而且，我也沒有想變得更強的上進心。

連技術這麼差的我在學校的「模擬比賽」中，只要旁邊有觀眾「看著我」，我都會感到緊張。明知這只是練習稱不上比賽，而且沒有人會認真看，但還是會影響我比賽的心情。換句話說，光是少少的他人視線，就會影響人的表現。

我很常介紹的心理概念之一，就是耶基斯・多德森定律（Yerkes-Dodson law）的倒U字。曾在運動比賽中體驗到緊張感的人大概都知道，**人如果過度緊張，什麼事都做不好，但如果完全提不起勁，也無法發揮應有的表現**。

我們常聽到，第一次站上世界大舞台的人說，太過緊張所以表現不好。這點很容易理解。另一方面，如同開頭說的，頂尖運動員在沒有人看的比賽中，反而會沒有鬥志，表現不佳。

換句話說，讓人感受到適當緊張的環境才是最好的環境。

靈活運用「緊張」和「放鬆」

然而，這個倒U字的概念還有後續。

在做比較輕鬆的事情時，比起給予適當的緊張感，不如給予較強的緊張感，反而能提升表現。我們可以透過想像和別人聊天的情況得知。

怕生的人不擅長和人聊天，但若是社交能力較強的人，在稍微緊張的心情中與人聊天，更能提升他的說話技術。

相反地，如果面對非常困難的挑戰，放鬆反而會提升表現，這點應該很容易理解吧？因此，怕生、不擅長與人交談的人，給他再多的緊張感，都無法提升其表現。因為，這樣的人他本來的問題，就在於他和人交談時太過緊張了。

我想，同樣的道理也可以套用在專注力上。

在很難專注的環境中，再怎麼告訴自己「要專注、要專注」，反而會越來越容易分心。就好像在睡不著時，硬要自己「快睡吧、快睡吧」卻更不容易入睡。想要在很難專注的環境中專注，祕訣就是放鬆，不要去想專注的事情。

休息

02

非得要把某些東西背起來的時候，
該怎麼辦呢？

背東西時，記得要放鬆

CHECK

□ 先從集中精神開始。
□ 盡量早點休息。

「活用潛在的記憶力至最大值的方法」很受到大家歡迎，我對這類方法也很有興趣。

其實，就我知道的方法來說，方法本身並不難。**越能自覺到「我現在正投入其中」，就越能集中精神。**

「什麼嘛，就這樣而已嗎？」或許有人會這麼認為。但有學者指出，能夠老實照這個方法實踐的人非常少。

認知心理學家奧力克・奈瑟爾（Ulric Neisser）編寫的《被觀察的記憶》（*Memory Observed: Remembering in Natural Contexts*）中，介紹了一位名叫亞歷山大・艾特肯（Alexander Craig Aitken）的人。他是一位非常認真的大學教授，記憶力完全凌駕於一般人之上，是其特殊之處，「擁有超強記憶力」。

艾特肯是一位數學家，他可以背譜演奏小提琴，擅長英國文學，能背誦拉丁文和英文詩。除此之外，他還可以對於目擊事件的詳細經過娓娓道來，從人名、日期時間、地點等情報，皆能正確重現。聽說有一些委員會特地找他詢問開會時的細節，作為非公開的議事錄。現在大家都用手機記錄的情報，但他全都可以記在腦中。

這位艾特肯教授能做到這些，是因為他有意識地活用自己發明的「記憶法」。他的方法的切入點比較符合一般人的常識。他認為，「如果越不對記憶的對象感到興趣，就越難記得起來」。

但是，有了興趣之後，還有一個「應有的心理態度」，這部分一般人比較容易忽略。

「放鬆」反而才是必要的

艾特肯教授是這麼說的：

「我慢慢發現，重點不在於專心，而是放在放鬆。」

換句話說，不是專注在書本之類的對象，而是讓自己放鬆。這和以前老師教我們念書或背書時的方法完全相反。

他又說：

「一開始或許真的需要埋頭苦幹，但能夠盡快放鬆最好。很少人會照這個方法做。不幸的是，我們的學校從來不這麼教。」

在應該專注的時候，若成功達到專注，就應盡快讓自己放鬆。而且看過艾特肯教授的軼聞事蹟後我發現，他時常強調，**「埋頭苦幹」或「專注」只是「必要之惡」**，**「放鬆才是真正必要的」**。

「一開始或許真的需要埋頭苦幹」，這是指我們在做自己很有興趣的事情時。想想我們在看喜愛的漫畫時就知道，在讀這些東西的時候，我們很容易就「過於熱衷」。

我們對於「沒有興趣的工作」反而會有意識地叫自己要集中精神。但看起來，艾肯特教授似乎認為這麼做效果不會太好，應該「能夠盡快放鬆最好，但很少人會照這個方法做」。

在運動比賽時，即使選手們被告知「要放鬆」，效果也不會太好。為什麼？因為放鬆和專注一樣，需要平時就做好精神訓練。

當你在看電影或小說，「回過神來發現自己沉迷其中」的時候，記得趕快放鬆，然後繼續享受電影或小說的樂趣，並記住這種放鬆的感覺。可以的話，盡量在平時重現這種感覺，等你熟練之後，就可以隨時隨地放鬆了。

腳註

★ 奧力克·奈瑟爾（Ulric Neisser）《被觀察的記憶》
（*Memory Observed: Remembering in Natural Contexts*）

休息

03

平常拚命工作，等到假日再一口氣睡飽，這麼做效果好嗎？

利用空檔把一天的睡眠補足

CHECK

□ 絕對不要靠假日補眠。

□ 精神恍惚的時候，立刻睡覺。

日本人一般來說都睡眠不足。睡眠不足會造成慢性專注力下降。

甚至有種說法是，**每天平均睡眠時間少於五小時的人，就好像無時無刻都在喝氣泡酒一樣**。

這樣的比喻雖然有些牽強，但它說明了大腦運作的重要條件。大腦受酒精作用的影響和睡眠不足一樣，都很難讓人有意識地集中注意力，而且都會降低大腦的清醒程度。簡單來說，就是容易恍神。

對於大腦現在是處於容易專注的狀態以及處於很難專注的狀態，我們很輕易就能分辨得出來。

睡眠不足或喝過酒後，人的精神容易變得恍惚，無法處理事情。而且是時常回過神來，才發現自己剛才恍神了；睡眠充足，容易集中精神時，就不容易發生這樣的事情。反而是開始想要放鬆的時候，才會「恍神」。

開車的時候，這兩種狀態所造成的後果就不是開玩笑的了。「回過神來才發現自己恍神了」，用這種精神狀態開車是非常危險的事。正因如此，最近關於酒駕的刑事罰則越來越重。

「睡眠不足」會導致學習效果低落

不要誤會，**我的意思不是只要不恍神就好了**。問題在於，稍微精神不集中就馬上恍神的狀態。這絕非正常的狀態。如果一個人平均睡眠時間只有四個小時，我們不會說他處於正常的狀態吧？還有，喝酒並不是壞事，但如果一個人經常受到酒精作用的影響，我們也不會說他處於正常的狀態吧？

假如大腦是處於正常狀態，應該可以持續某種程度的專注在某件事情上。若意識稍微離開手邊的事情，就立刻解除專注狀態陷入恍神，可以說明大腦正處於非常吃緊的狀態。

簡單而言，回過神發現自己在恍神，絕對不是舒服的狀態，也不是輕鬆的狀態。如果你時常陷入這樣的狀態，我建議還是盡可能補足你的睡眠。可能很多人會誤會，所以話先說在前頭，我的意思不是非得「一次睡滿時間、品質都足夠的睡眠」不可。而是**在一天的時間內，加總的睡眠時間足夠一天的分量即可，盡可能確保足夠的睡眠時間**。

當然，如果可以在寢室，好好睡上一覺，一次睡滿一天足夠的分量那是再好不過。但正因為很難做到，所以大家的平均睡眠才會只有四到五個小時。改變原本的生活節奏或許有些辛苦。既然如此，那就利用空檔小睡片刻，或睡個午覺。

另外，現在很流行「朝活」（譯註：利用早上起床到上班的這段時間充實自己，從事自己的興趣），如果朝活不會造成睡眠不足就沒關係，但我非常不建議為了「學習語言」而減少睡眠時間。在「回過神來才發現自己恍神」的狀態下學習，這樣的「學習」效果非常差。

與其這樣，不如減少學習時間，延長睡眠時間，就長期來說，可以大幅提升學習效果。這就是專注力帶來的成果。

休息

04

聽說運動員非常注重飲食，飲食習慣也會影響專注力嗎……

改變飲食習慣

CHECK

□記錄自己吃下的食物。

□減少愛吃的食物分量。

你不是喜歡吃義大利麵，怎麼沒點？
最近專注力不夠，想說是不是對麩質過敏……

對網球沒有興趣的人大概不知道，一位叫諾瓦克・喬科維奇（Novak ĐDoković）的網球選手，贏得壓倒性的戰績，一時之間成為話題。有多強呢？他在二〇一一年的戰績為，五十一戰五十勝。

過去幾年他大概是世界排名三~四名左右，僅次於費德勒（Roger Federer）、納達爾（Rafael Nadal）、莫瑞（Andy Murray），即使如此，還是很強。不過，最近這兩年他已經持續領先成為世界排名第一的網球選手。

我非常喜歡網球，是可以徹夜不睡為了看比賽的那種，當然喬科維奇的比賽也有看，他真的是有點不可思議的選手。

他在準決勝的比賽中，前半場的表現壓倒性的強，任誰看比賽都會覺得「今年的優勝應該就是他了」，但沒想到到了比賽後半，他開始「略顯疲態」，不然就是「被看穿套路」，最後輸掉了比賽。

就外行人來看，一定會覺得「如果每次都會出現疲態，那就做持久力訓練就好啦」，或認為「改變後半場的套路就好啦」。包括我許多打網球的同好也都說過類似的話。當然，我想喬科維奇身邊的人一定也跟他提過，他也試過這些方法。

但為什麼他後來可以突然變得那麼強，在全澳洲、溫布頓、全美都連續獲得優勝，就外行人看來會覺得不可思議：「為什麼他突然不再體力不足了。」

後來聽說喬科維奇**對麩質過敏，透過飲食療法之後，體力突飛猛進**。這個消息是真的還假我不知道，但電視在做專題報導時也有提到這件事。

不是只有精神論，也要考慮到「體質」

我時常想，人對於失敗的原因，做不好的原因，總是喜歡很快下定論，結果最後吃虧的還是自己。

假如喬科維奇對麩質過敏一事為真，因為吃了麵粉類的東西導致比賽後半場體力不繼，那麼就算他拼命地做持久力訓練，也會有一定的極限。

當然，不是任何事情都能找到特定的原因，但不要輕易地把自己每一份工作都待不久、忍不住一直看Twitter、懶得更新部落格的「原因」定調為「因為不曉得自己要做什麼」、「因為我的意志力薄弱」、「因為我事情太多」。

說不定原因很簡單，你只是「對麩質過敏」而已。

工作的時候也是，**當你覺得專注力無法持續很可能跟「體質」有關時，即使只有一點點改變也好，試著改變你的飲食習慣**。不用像喬科維奇一樣，極端的限制飲食，只要改變一個小地方就好。

你可以試著平時記錄自己所吃下的東西，如果發現自己某樣東西吃的特別多，可以試著減少攝取那樣食物，效果可能會出奇的好。

我自己曾因為異位性皮膚炎限制糖分攝取，結果意外帶來另一個效果，那就是專注力比以前提升了。

飲食會直接對身體造成影響，而大腦也是身體的一部分，所以無法避免飲食帶來的影響。

休息

05

在花粉症的季節，很容易提不起勁……

治好宿疾

CHECK

□虛弱的人專注力很強。

□即使有宿疾仍要和它奮戰。

雖然只是慢性鼻炎，但我希望提升專注力，
我認為把病治好，應該更能集中精神。

或許有些人會覺得很意外，很難專注的人，不少都是身體有些毛病的人。這些毛病可能稱不上是疾病，像是花粉症、異位性皮膚炎、慢性鼻炎、偏頭痛等各種毛病，總之都是些會讓人一整天覺得不清爽，因身體不適而感到困擾的症狀。

最麻煩的在於，**這些症狀對本人來說非常難受，但周遭的人卻不一定能夠體會**。畢竟這些症狀不算是疾病，就算把它當作疾病看待，也對生命沒有立即的危害。

再加上，這些慢性化的症狀可能找不到完全根治的治療法，去醫院看病也不會立刻根治，頂多只能拿到一些暫時緩和症狀的處方藥而已。

雖說吃藥確實可以帶來助益，但畢竟無法根治，還是依舊得忍受這些症狀的不適，用藥量越來越重後，還必須忍受惱人的副作用。

我從小就身體虛弱，即使後來身體變得強壯了，仍要長期受到支氣管炎以及異位性體質困擾，所以我很能體會慢性症狀所帶來的焦躁不安的感覺。即使心裡非常想專注在學習或工作上，但身體的毛病就是會一直來搗亂。

時常有人想透過「精神論」來解決這類的問題。也就是不要輸給這些老毛病，透過意志力克服問題，達到集中精神的目的。

我認為這樣的精神論確實有它一定的道理在。

化逆境成「力量」

阿爾弗雷德．阿德勒（Alfred Adler）這位臨床心理學家近年在日本受到很大的矚目，我覺得他的「器官自卑感」理論非常優秀。

下面這個例子可以概略地說明阿德勒的理論。

父母為了讓體弱多病的小孩變得健康，於是讓他學習游泳。結果通常是，這個小孩不但變得更健康，還超越原本的期望，身材變得比一般人還「高大」。

我覺得同樣的道理完全可以套用在專注力上。

也就是說，一方面受到慢性皮膚炎等疾病困擾，一方面又想維持、發揮專注力的人，和身體沒有毛病的人相比，有更大的機會比一般人發揮更大的專注力。**正因為他們對於專注有障礙，所以才比一般人更有專注力。**

除此之外，我們應該要治好這些宿疾。醫學雖然不能說是日新月異，但確實越來越發達，各式各樣的方法都有，不能輕言放棄。

我個人雖然常受到自己異位性體質困擾，但透過美國的這本書《打敗糖罐子》（*Sugar busters!*）所寫的飲食療法，以及持續泡溫泉的民間療法後，我那惱人的異位性皮膚炎幾乎消失無蹤了。

獲得這個新身體之後，我才瞭解阿德勒所說的話。過去一邊忍受皮膚癢，一邊用功準備考試時，自然「鍛鍊而成」的成果就是，現在要在皮膚不癢的狀況下集中精神，根本就是小菜一碟。

休息

06

為什麼運動時總是很容易能夠專注……

為了大腦好，動動身體吧！

CHECK

- □ 大腦喜歡追求運動。
- □ 積極增加自己的運動量。

大腦的功用不是為了思考，而是用來行動。

對於人的大腦，大家都習慣把焦點放在思考能力的強弱上，其實我們在從事複雜的行動上面，是凌駕大多數的動物。

人如果經過特殊訓練，說不定也可以像袋鼠一樣跳躍，不過要袋鼠像人一樣撐竿跳則是不可能。

同樣是人類來說，只要經過訓練，游泳的速度就可以變快，可以跳得更高，可以用球棒把迎面而來時速一百六十公里的球打回去，可以跳芭蕾舞等。

不過，我最重視大腦的一項特性，就是有時候在處理需要思考的持續力或專注力等作業，時常很難集中精神，但**一旦換成運動，卻能流暢、毫不費力地專注起來，有時候甚至會沉迷其中。**

除了賽車等特殊的比賽，其他的運動選手們即使在比賽的時候不專注，也不會造成生命危險。

比如說，打網球打到正激烈時，眼睛看別的地方雖然很危險，但也不至於危害到自己的性命。

人對於危險的事情很容易就集中精神，但運動並不是危險的事，我們卻也能夠輕易地集中精神。

如果大家覺得網球的例子舉得不好，那就想想看桌球吧！打桌球的時候，發呆完全不會為自己帶來任何危險，但大家打桌球時，應該一下子就能夠集中精神了吧？

想看看桌球比賽在勝負難分難捨之際，要打球的人一直去思考完全無關的事，應該很困難。

大腦「原本」該做的事

最近陸續出版許多這方面相關的書像是《運動改造大腦》（*Spark: The Revolutionary New Science of Exercise and the Brain*）、《到野外去》（*Go Wild: Free*

Your Body and Mind from the Afflictions of Civilization），基本上說的都是同一件事。

假如人的大腦本來就是適合從事精神上的作業，或是運用智力來工作，那我們應該很容易就能靜下心來，集中精神專注才對。當然，維持身心健康也應該是輕而易舉的事情。

但**大腦「原本」該做的事，其實是命令身體活動。**

有一個笑話同時也是事實時常被提及，它說，現在的人工智能，在下圍棋的領域，已經可以戰勝人類的高手，但若要人工智能自己拿棋子好好地擺放在棋盤上，它們的技術大概比小孩還差多了。

還有，費了很大努力才考到中間排名的大學的考生，可以自行輕易抵達考試現場，但可以考上東大的機器人，大概很難靠自己的力量抵達考試會場。

要度過一個繁忙都市的十字路口其實不是簡單的事，但對大多數人類來說，不是什麼難事。

我們人一旦進行運動、體育比賽，很容易就可以集中精神。因為我們這種生物的大腦在這方面就是特別發達。培養專注力，運動是最合理的選擇。

休息

07

感到孤單時，特別不容易專注，是我想太多了嗎……

適應團體

CHECK

□審視孤立感是否會讓自己產生壓力。

□避免採取激進的主張。

人一旦感受到孤立感，就很難專注。

這句話有些人可能覺得有道理，有些人則不能接受。

關於這點，曾有某位心理學家做過實驗。

在這個實驗中分成兩組，讓一組人有意識感受到孤立感，另一組則沒有，然後請他們做大學考試程度的測驗。

怎麼讓人有意識地感受到孤立感？在考試開始前，實驗者讓被實驗者先做一份簡單的「人格調查測驗」，然後不管對方如何回答，結果一律告訴對方：「你將來很容易變成孤單的人，即使結婚也很難有美滿的結果。」被告知這樣結果的人，就被分類在「將來孤獨群」裡頭。

結果，「將來孤獨群」的考試成績普遍「排名不佳」。換句話說，**人在「自己將來會很孤單」這樣的心情中，很難專注在考試上**。也許有些人會懷疑：「這樣與其說他們是因為孤立感，不如說是因為覺得自己很不幸，所以無法專注於考試上？」

為了消除這樣的懷疑，這個實驗還準備了「將來不幸群」組。這些人在做完測驗後不是被告知「你將來會過得很孤單」，而是「你將來會過得很不幸福」。

被這麼告知的這群人，想必在考試的時候心情一定不好受吧。但這些人和什麼也沒被告知的群組相比，考試成績並沒有特別差。

想和其他人交好是人的「本能」

孤立感會讓我們感受到很強烈的壓力，這是大多數的社會心理學者，以及近年的演化心理學者、生理心理學者共同指出的論點。而強大的壓力會降低專注力。在強大壓力的影響之下，很難集中精神，這我想不用心理學家指出，我們也可以理解，對吧？

一般人會認為，要解決社會性孤立感這個問題並不容易，因為人際關係的問題非常難解，乍聽之下似乎很有道理。

但另一方面，**我們也可以說，人很容易就能適應社會關係或團體**。

為什麼？就像演化心理學者最近常說的，人類自古以來就是靠著互相合作，才能勝過其他的動物，有今天的榮景。在一個團體中「討厭孤立感的人」占絕大多數，換言之，與人友好的態度，是大家公認的默契。

也就是說，不用勉強自己，我們自然而然會想和別人交好。

只要我們不要有太強烈的主張或主義，不要在團體中成為太過特別、醒目的存在的話，很容易就能適應團體。

能夠和身邊的團體互動良好的人，就比一般人更容易發揮專注力。人，就是這樣的生物。

有人會問：「所以，每一種團體我們都要適應嗎？」要知道，「適應團體」不是「為了正義」，是「為了利益我們自己的身心」。而且，在現今這個時代，我們已經有很大程度的自由選擇我們想要的組織和團體。

休息

08

提高專注力最難的課題是什麼……

一個星期訂一天專注日

CHECK

□選擇一個星期最難專注的一天為專注日。

□「刻意」從那一天開始努力。

好難專注……
星期三特別沒力～
刻意

每個星期中，我們總是在某些天容易專注，某些天很難專注對吧。比如說，有些人在星期五的時候心情比較快活，容易集中精神，而星期一就很難專注。當然也有人是完全相反。

本書最後的建議彎具挑戰性的。

前面所介紹的專注技巧，只要實踐其中幾項就可以大幅增加專注力。因此，我會希望讀者繼續挑戰難度更高的課題。那就是，**刻意選擇比較難集中注意力的那一天，試著讓自己在那一整天都集中精神**。

比如說，星期三剛好是一個星期正中間的一天，若覺得星期三會讓你特別沒力，就努力挑戰每個星期三都要盡最大努力來專注。

只要成功一次，你就可以獲得莫大的信心。

要是一個星期之中最難專注的一天都能成功專注，那其他天只要你想專注，應該都會成功。

一開始只要限定星期三「這一天」專注即可。先試著專注一分鐘，然後試著專注二十五分鐘，出門在外工作時也可以試著專注。像這樣，慢慢瞭解限定在某段時間內達到專注的目標，很容易讓人產生幹勁，那麼你就知道，努力達到限定一天專注的目標，是非常實際的作法。

「一點點決心」就可以改變心情

英國的評論家、作家科林・威森（Colin Wilson）曾說，他很討厭在美國公演預定前的那一陣子，因為必須四處到國外巡迴演講。

某次，他對自己做了一個承諾。他在心情快要變得低落時，下定決心告訴自己：「絕對不要在這次的巡迴演講中感到無聊！」結果，他的心情振奮起來，直到巡迴演講結束，雖然很累，但他一直都是保持好心情。

雖說心情的起伏大多很難受控制，但我們卻可以透過下一個小小決心，成功控制它。自由意志和心情之間的關係時常讓心理學家感到苦惱。

這和專注力的發揮也有很多相似之處。有時候，我們刻意讓自己處在某種狀況下，就真的能集中精神。但有時候真正應該要專心時，卻常常苦於無法專注。換句話說，我們無法隨心所欲控制專注力，這點無庸置疑。

但這也代表說，**只要你下定決心集中精神，確實有可能可以發揮專注力**。而且，如果你想解除專注的狀態，確實也可能如你所想地鬆懈下來。也就是說，專注這回事，有可能如你所願，也可能不如你願。

本書透過分隔期間或空間，或是借助工具、心智訓練的幫忙，再加上捨棄「無法自由操控專注力」的偏見，讓你隨心所欲地掌控專注力。因此，本書所介紹的方法論，著重在幫助你自由掌控專注力。

「一天」這個間隔在本書介紹的方法中算是相當長的一段期間了。

如果可以成功辦到，那麼就表示分隔區間的訓練法是有效的，可以當作心智訓練的一部分，也可以證明過去深信「自己無法專注」的想法毫無根據。當然，做起來或許不簡單，**請大家一定要實踐「專注地過完星期三一整天」的作法，這樣的成功體驗就是本書所有方法的集大成**。

結語

我想有人即使讀完本書，一定還是會遇到「我還是無法專注……」的時候。明明應該要專注，卻怎麼也辦不到。別擔心，每個人都有這樣的時候。

容我再重複一次，想要專注，必須要使用特定的資源。如果你不能夠專注，不是你沒有特定的資源，就是捨不得把它拿來用。

譬如，時間不夠不能夠專注。因為「把時間用來專注的話，時間就更不夠用了」。

又或者，隔壁桌聊天太大聲，讓人焦躁不安無法專注。就需要消耗「忍耐」這項資源。雖說如此，我們又不能在咖啡店內，突然對隔壁桌的人大喊：「給我出去！」所以必須消耗自己的資源。最後，能夠用在專注的資源就越來越少了。

類似的例子還很多，總之請大家記得「注意力需要消耗資源，但我無法充分投入這樣的資源」，這就是「注意力不集中」的原因。

這時候你就要使出殺手鐧。

當你無論如何都必須專注時，就要下定決心：「把大量資源投入在專注中。」即使沒有時間，也要投入大量時間。即使周遭環境嘈雜，也要一邊忍耐，一邊投注大量精神。

換句話說，就是背水一戰。不要去思考後面的事，只專心集中精神在眼前的工作上。為了專注，要捨得犧牲。必須要有這樣的覺悟。

在戰爭的戰略中，「兵力逐次投入乃下策」。我瞭解人都有節約資源的習性，喜歡一點一點使用，不喜歡一口氣用完。我們的金錢、時間、力氣、體力等資源都有限，所以會特別珍惜。但若面臨重要的事情，應該抱著豁出去的心情，一口氣把它用掉。

告訴自己，至少要使用平時兩倍的大腦能量。只要有這樣的決心，一定可以立刻專注起來！

1 分鐘終結慣性拖延，短時間完全專注

掌控專注力，人生不再拖拖拉拉（短時間「完全專注」新修版）

短時間で「完全集中」するメソッド

作　　者　佐佐木正悟
插　　畫　伊藤美樹
譯　　者　鄭舜瓏
行銷企畫　劉妍伶
責任編輯　曾琬瑜
內文構成　賴維明
封面設計　張天薪

1 分鐘終結慣性拖延，短時間完全專注：掌控專注力，人生不再拖拖拉拉 / 佐佐木正悟著；鄭舜瓏譯. -- 二版. -- 臺北市：遠流出版事業股份有限公司，2023.05
面；　公分
譯自：短時間で「完全集中」するメソッド
ISBN 978-626-361-037-8(平裝)

1.CST: 注意力 2.CST: 成功法

176.32　　112002872

國家圖書館出版品預行編目 (CIP) 資料

發 行 人　王榮文
出版發行　遠流出版事業股份有限公司
地　　址　104005 台北市中山區中山北路一段 11 號 13 樓
客服電話　02-2571-0297
傳　　真　02-2571-0197
郵　　撥　0189456-1
著作權顧問　蕭雄淋 律師

2023 年 05 月 01 日　二版一刷
2023 年 07 月 18 日　二版二刷
定　　價　新台幣 299 元（如有缺頁或破損，請寄回更換）

ISBN　978-626-361-037-8

遠流博識網　http://www.ylib.com/
E-mail　ylib@ylib.com

Original Japanese title: TANJIKAN DE「KANZENSYUUCHUU」SURU METHOD

Original Japanese edition published by Daiwa Shobo Co., Ltd.
Traditional Chinese translation rights arranged with Daiwa Shobo Co., Ltd.
through The English Agency (Japan) Ltd. and AMANN CO., LTD., Taipei